MST

a construção do comum

CONTRACORRENTE

Susana Bleil

MST

a construção do comum

SÃO PAULO
2024

Versão modificada e resumida do livro publicado originalmente em francês, com o título *Vie et luttes des Sans Terre au sud du Brésil*, pela editora Karthala.
Traduzido para o português por Susana Bleil e Mel Bleil Gallo
(ISBN:978-2-8111-0707-9)

Alameda Itu, 852 | 1º andar |
CEP 01421 002
www.editoracontracorrente.com.br
contato@editoracontracorrente.com.br

EDITORES
Camila Almeida Janela Valim
Gustavo Marinho de Carvalho
Rafael Valim
Walfrido Warde
Silvio Almeida

EQUIPE EDITORIAL
COORDENAÇÃO DE PROJETO: Erick Facioli
REVISÃO: Carla Carreiro
PREPARAÇÃO DE TEXTO E REVISÃO TÉCNICA: Amanda Dorth e Beatriz Duarte Lopes
DIAGRAMAÇÃO: Pablo Madeira
CAPA: Maikon Nery

EQUIPE DE APOIO
Carla Vasconcelos
Regina Gomes
Nathalia Oliveira

Dados Internacionais de Catalogação na Publicação (CIP)
(Câmara Brasileira do Livro, SP, Brasil)

Bleil, Susana
MST : a construção do comum / Susana Bleil. -- 1. ed. -- São Paulo : Editora Contracorrente, 2024.

Bibliografia.
ISBN 978-65-5396-200-2

1. Antropologia social 2. Assentamentos rurais 3. Cooperativismo - Aspectos econômicos 4. Cooperativismo - Aspectos sociais 5. Economia solidária 6. Movimento dos Trabalhadores Rurais Sem Terra (Brasil) 7. Reforma agrária I. Título.

24-213115 CDD-333.3181

Índices para catálogo sistemático:

1. Movimento dos Trabalhadores Rurais sem Terra : Reforma agrária : Brasil : História 333.3181
Aline Graziele Benitez - Bibliotecária - CRB-1/3129

@editoracontracorrente
Editora Contracorrente
@ContraEditora
Editora Contracorrente

Tal como as abelhas juntam o mel, assim buscamos nós o que há de mais doce em todas as coisas, e construímo-lo. Mesmo com o que é limitado, com o que é modesto (bastando que aconteça por amor), começamos, depois com o trabalho e o repouso, com um calarmo-nos ou com uma pequena alegria solitária, (...), começamo-lo, esse que não presenciaremos, tal como os nossos antepassados não puderam presenciar-nos. E, contudo, esses que já lá vão há muito estão em nós, enquanto disposição, enquanto peso sobre o nosso destino, enquanto sangue que murmura e enquanto gesto que se levanta das profundezas do tempo.[1]

---

1 RILKE, Rainer Maria. *Cartas a um jovem poeta*. Edição bilíngue. Trad. José Miranda Neto. Lisboa: Antígona, 2016, pp. 69-71.

Para Seu Chicão (e para todos os que ouvem o chamado e participam da mudança).

SUMÁRIO

AGRADECIMENTOS

Primeiramente agradeço a Rose-Marie Lagrave, minha diretora de tese, pelo incentivo, por sua assistência ao longo de nove anos e suas análises brilhantes. Meu reconhecimento vai também a Luc Boltanski, pela presença intelectual e amiga ao longo da pesquisa que deu origem a este livro.

Minha gratidão aos sócios da Copavi por abrirem suas casas, suas reuniões, suas festas e seu cotidiano tornando possível esta pesquisa.

Agradeço também à École des Hautes Études En Sciences Sociales (EHESS) pelo prêmio Saint-Simon, concedido em 2002 (pelo projeto de tese).

Minha gratidão ao Programa de Pós-Graduação de Ciências Sociais em Desenvolvimento Agricultura e Sociedade (CPDA), UFRRJ. Este livro deve muito aos professores de mestrado, que me introduziram à questão da propriedade da terra e do mundo rural brasileiro.

Muitas das ideias desenvolvidas neste livro devo às reuniões semanais e retiros que realizo há mais de 25 anos com meus companheiros de Cafh. Gratidão por tantos encontros.

Este livro não existiria sem a presença de Rafael Valim e da Editora Contracorrente. Muito obrigada por acreditar em mim e publicá-lo.

Agradeço de coração e dedico esta obra às minhas filhas Mel e Maíra, e ao meu genro André.

PREFÁCIO

Para que servem as Ciências Sociais? Essa pergunta assombrou a Sociologia desde o início dessa disciplina. Incorporada pelo jogo dos antagonismos sociais, ela rapidamente deu uma guinada política: quem se serve das Ciências Sociais? A quais grupos, quais interesses, elas servem? Para escapar à dupla acusação, de estar a serviço dos poderes constituídos (o sociólogo especialista que subsidia a Administração Pública) ou de se dobrar às exigências dos movimentos críticos (o intelectual "orgânico"), os sociólogos, preocupados em defenderem sua independência – e, por meio dela, a autonomia de sua disciplina, enquanto fiadora de seu caráter científico –, defenderam por vezes, com arrogância, a ideia de que ela não servia e não deveria servir a nada nem a ninguém.

A Sociologia seria, portanto, uma ciência pura. Estranha ideia. Assim, uma profissão que consiste, em grande parte, em realizar investigações, ou seja, em aproximar-se de pessoas e grupos bastante diversos para tentar compreender seu modo de vida e seus valores, seus anseios e suas demandas, teria o caráter perfeitamente desapegado, distante e quase lúdico que gostamos de reconhecer nos jogos mentais. A Sociologia seria, então, uma espécie de exercício válido por si só, à maneira como matemáticos gostam, às vezes, de descrever sua atividade. Mas, sabe-se hoje, sobretudo graças aos avanços dos *sciences studies*, que as ciências puras não existem e não podem existir. É precisamente ao fluir no terreno do mundo, ao enraizar-se na imanência, que as ciências conseguem dizer alguma coisa sobre o mundo e, assim, registrar uma representação dele na realidade, ou seja, também na vida cotidiana daqueles que os sociólogos às vezes chamam, estranhamente, de "pessoas comuns". Esse termo faz, discretamente, referência a uma distinção à qual os profissionais da profissão sociológica parecem frequentemente atribuir um grande valor: aquela que separa o sujeito do objeto, o observador informado e reflexivo que realiza a investigação e conduz o indivíduo, senão ignorante, ao menos desconhecedor das determinações às quais o seu comportamento obedece, ou seja, daquilo que constitui a própria textura de sua vida.

No entanto, estão nítidas, por outro lado, as inquietações na raiz dessa distinção. Se o sociólogo é apenas que um ator como os outros e dentre outros, então o que pode ele acrescentar, para além dos outros, ao conhecimento do mundo social? Qual é o valor agregado, por assim dizer, proporcionado pela Sociologia?

Esse tipo de dilema estruturou amplamente o campo de nossas disciplinas. Posições positivistas versus posições críticas; trabalhos sem comprometimento pessoal, constantemente apoiados num aparato quantitativo *versus* pesquisa-ação; macrossociologia explicativa versus microssociologia compreensiva etc. Ora, as oposições aqui relembradas não são uma gaiola de ferro. Se fosse o caso, a Sociologia seria um exercício simplesmente impossível. É precisamente dotando-se de métodos, aqueles do laboratório, e mais profundamente, de uma antropologia – no sentido da antropologia filosófica – capaz de superá-los, que a Sociologia traçou seu caminho.

Um laboratório não é, ou não é apenas, um conjunto de objetos materiais concentrados em determinado local. É um conjunto de métodos e de técnicas internalizadas que exercem limites sobre o pesquisador, de forma a impedir que ele se entregue completamente a seus desejos, seus afetos, suas repulsas, seus gostos ou seus desgostos etc. O laboratório é, primeiramente, um estado de espírito – como bem sabem os etnólogos – sendo, portanto, eminentemente transportável. Quanto à antropologia do sociólogo, digamos – para sermos breves – que ela se constitui na confluência do reconhecimento das semelhanças, sem as quais as condutas e as crenças dos outros seriam simplesmente ininterpretáveis, e das diferenças, geralmente profundas e inicialmente incompreensíveis, com as quais o sociólogo é confrontado no campo. Essa é a razão pela qual a Sociologia, como a Etnologia, é antes de tudo uma disciplina comparativa.

A obra que leremos é, na minha opinião, um exemplo paradigmático do que deveria ser uma Sociologia bem-sucedida. Susana Bleil, que chegou à Sociologia após exercer uma profissão de intervenção social, provavelmente não se voltou por acaso aos Trabalhadores Rurais Sem Terra, um movimento nascido na região do Brasil de onde ela própria é originária. Mas essa orientação, ditada pela simpatia – como é frequentemente o caso entre os jovens sociólogos que escolhem seu primeiro campo – nunca a fez flexibilizar os limites e as exigências da profissão, adquiridas durante o aprendizado da disciplina, realizado no Brasil e, em seguida, na França, na École de Hautes Études en Sciences Sociales, igualmente aprofundado e rigoroso, tanto no plano dos métodos de pesquisa quanto naquele dos conhecimentos teóricos.

Como boa etnóloga, Susana Bleil participou ativamente – como veremos ao ler seu livro – de diferentes momentos cruciais, e às vezes perigosos, da vida dos Sem Terra. Ela contribuiu frequentemente com suas tarefas cotidianas, ocupou com eles propriedades agrícolas improdutivas e, contudo, protegidas por milícias armadas privadas. Ela se divertiu junto a eles durante festas ao mesmo tempo comemorativas e focadas nas esperanças futuras, que os Sem Terra chamam de mística. Esses rituais, nos quais os Sem Terra celebram e encenam teatralmente as ocupações de terras realizadas em anos anteriores, uma espécie de "festa que o povo celebra a si mesmo" – para dizê-lo em termos rousseauístas –, iluminam com particular nitidez a especificidade de um movimento que converge expectativas revolucionárias e aspirações religiosas. Por fim, Susana Bleil esteve presente nesse tipo de instituição específica que os Sem Terra criaram para solucionar os conflitos que se manifestam, necessariamente, no seio dos assentamentos.

Esses dispositivos originais, que buscam apaziguar as tensões internas e as disputas que ameaçam essas ainda frágeis comunidades, oferecem testemunho da competência e da inventividade política desse movimento enraizado, ao mesmo tempo, nas tradições marxistas e na experiência das Comunidades Eclesiásticas de Base. Em resumo, Susana Bleil compartilhou da vida dos Sem Terra. No entanto, ela não se identificou enquanto membro do movimento, e foi sempre na condição de socióloga que se misturou a eles, sem jamais lhes esconder sua empatia, por um lado, nem sua distância, por outro. À diferença dos Sem Terra, ela estava lá apenas por um período determinado, e não por tempo indefinido ou para sempre.

Susana Bleil tampouco se transformou numa defensora dos Sem Terra. Seu livro não tem nenhuma pregação em favor deles, e ela também escutou as recriminações de atores que haviam deixado o Movimento. O tom adotado no livro jamais adquire um rumo polêmico em relação à sociedade ao redor, como é frequentemente o caso nas obras sociológicas que se pretendem fieis às orientações críticas de nossa disciplina. Ela estava lá, com seu saber específico, para coletar o máximo de elementos possível a fim de reconstituir a história do Movimento e de descrever a vida cotidiana de seus membros. Sobretudo, ela deixou que os atores falassem; escutou a narração de suas histórias, sempre singulares, e os acompanhou nos contornos de sua vida cotidiana, lembrando que a verdade está no detalhe – como Claude Lévi-Strauss gostava sempre de nos recordar.

No plano teórico e, talvez, de forma geral, num plano humano, Susana Bleil aprendeu muito com o pragmatismo. Com aquilo que, nos últimos anos, chamamos na França de sociologia pragmática, mas também com aquilo que nos ensinaram os mestres do pragmatismo anglo-saxão e, particularmente, com aqueles que, tal qual John Dewey, haviam buscado colocar sua pesquisa a serviço da emancipação. O pragmatismo, e sobretudo aquele de Dewey, inspirou Susana Bleil de dois modos distintos. Por um lado, enquanto socióloga, ao muni-la com a lógica rigorosa que deve presidir a pesquisa de campo. De outro, ao possibilitar que ela tomasse consciência do fato de que as mesmas pessoas sobre as quais seu trabalho se debruçava conduziam sua própria vida da forma como se conduz uma pesquisa.

Concretamente, isso quer dizer duas coisas: por um lado, que essas pessoas mergulharam numa certa incerteza. Elas não sabem, a cada momento de suas vidas, o que será do momento seguinte, e ignoram, pelo menos em parte, as forças que atuam sobre seu destino. Mas, por outro lado, isso também significa que elas não são passivas diante dessas forças. Elas buscam compreendê-las, interpretá-las e explicitar os motivos e valores que as fazem agir e que fazem os outros agirem de volta. Em resumo, elas mostram-se reflexivas, por isso, conduzem suas vidas à maneira de uma investigação.

A respeito disso, o Movimento dos Trabalhadores Rurais Sem Terra pode ser considerado uma vasta investigação que visa explorar as possibilidades, excluídas da ordem social e política, na sua definição oficial, às quais os oprimidos podem ter acesso para escapar às forças que parecem dominá-los e para construir coletivos que promovam a emancipação de cada indivíduo, capturado em sua própria singularidade. Tais indivíduos podem ser tanto participantes do Movimento como aqueles que não se juntaram a ele, mas que possam encontrar nesse exemplo ferramentas para colocar em prática ações que conduzam, por vias diferentes, a objetivos semelhantes.

As análises muito refinadas que Susana Bleil dedica às relações que os Sem Terra têm com a regra também demonstram a orientação pragmática do Movimento. Nessas comunidades, a regra é, ao mesmo tempo, muito presente e muito plástica, sendo que a relação com as regras é sempre confrontada com os ensinamentos da prática, no sentido do termo usado na antropologia de Pierre

Bourdieu. Poderíamos fazer observações idênticas com relação ao equilíbrio que se estabelece entre os momentos propriamente políticos, ao longo dos quais os atores confrontam, por vezes de forma bastante dura, seus distintos pontos de vista, e os momentos de descontração que restauram um laço concebido nos moldes da fraternidade. As próprias falhas, como por exemplo a partida de certos militantes, não são jogadas no esquecimento, mas são objeto de um trabalho coletivo de interpretação e reflexão.

Ao começar este breve texto, evoquei a insistência com a qual a questão "para que serve isso que fazemos?" se coloca para a Sociologia. O livro de Susana Bleil oferece, na prática, uma resposta retumbante à tal questão. É precisamente porque ela realizou sua pesquisa com a distância metódica da Sociologia profissional, e não, por exemplo, como militante, que a leitura de seu trabalho pode ser extremamente proveitosa, de diferentes maneiras, para diferentes tipos de atores. Por um lado, para os sociólogos, que poderão encontrar ali uma análise original de certas mudanças sociais que atualmente afetam um dos maiores países do mundo e, mais amplamente, o continente ao qual ele pertence. E, por outro lado, para os militantes, que poderão extrair desta obra um repertório riquíssimo de valores, ferramentas, expertise, experiências e, por vezes, de fracassos, que poderão alimentar as atuais reflexões sobre a renovação das formas de crítica nas sociedades ocidentais contemporâneas. Espero que estes e aqueles leiam este grande livro, que lança luz sobre o interior de um dos movimentos sociais mais importantes e inovadores do mundo, com a mesma admiração e o mesmo entusiasmo com que eu mesmo o fiz.

LUC BOLTANSKI[2]

---

2 BOLTANSKI, Luc. "Préface". *In*: BLEIL, Susana. *Vie et luttes des Sans Terre au sud du Brésil.* Une occupation au Paraná. Paris: Karthala, 2012, pp. 7-11. Tradução de Mel Bleil Gallo.

INTRODUÇÃO

> No início, a comunidade era um pequeno mundo para os seus membros. Ela era formada de famílias unidas por laços de sangue ou de casamento e seu tamanho possibilitava que os seus membros se reunissem numa assembleia. Era um grupo face a face. (...) Foi neste tipo de comunidade que o código moral válido até hoje se estruturou. Os costumes da comunidade são de uso popular e, em grande parte, reconhecidos e integrados pelos códigos mais formais da Igreja e do Estado. A comunidade típica desaparece. E não seria possível nem desejável restaurá-la sob a sua antiga forma. Ela não corresponde mais a direção atual da evolução da sociedade (...). Mas, através das relações, da participação de todos, ela representa alguma coisa que nós perdemos e que será necessário, sem dúvida, recriar. Através de alguma forma de cooperação, a fim de assegurar uma sociedade normal e equilibrada – um arranjo que corresponderia a natureza humana.[3]

Este livro começou a ser escrito em 2000, no início do meu doutorado em Sociologia na École des Hautes Études en Sciences Sociales, em

3 Cf. THOMAS, William. "Définir la situtation". *In*: GRAFMEYER, Y.; JOSEPH, I. *L'École de Chicago. Naissance de l'écologie urbaine*. Paris: Aubier, 1990, p. 82. Tradução livre.

Paris. Em 2012, uma versão da tese foi publicada na França. Qual é o objetivo deste livro e qual é o sentido de publicá-lo em 2024?[4]

Sinto que este livro é necessário por diferentes razões. A primeira delas é poder, pela primeira vez, compartilhar com os sócios e ex-sócios da Copavi as histórias e as experiências comuns, ou seja, os momentos que vivemos juntos. Meu objetivo é colaborar com o trabalho de memória das famílias, servindo às novas gerações.

A segunda razão é compartilhar com o leitor o "tipo de mundo comum" criado pelas famílias dos trabalhadores rurais sem terra desde a fundação da Copavi, em 1993. Viver juntos, compartilhando o direito à terra e participando das decisões políticas da cooperativa é, sem dúvida, um tema complexo. Este livro tem como objetivo mostrar algumas experiências e tornar visível como, no cotidiano, os sócios "criam e recriam formas de viver em associação". Por isso, no decorrer desta obra, tento responder a algumas perguntas: "As dificuldades, normais do viver juntos, emergem e são objeto das reuniões?" Dito de outra forma: "Os militantes têm um espaço para dar a sua opinião e expressar suas discórdias?"; "Como as crises são administradas pelo conjunto dos sócios?"

A terceira razão corresponde ao sonho, à utopia de quem acredita numa sociedade inclusiva e com justiça. Neste documento, aparece um projeto utópico sendo construído. Os dados revelam que há indícios de valores sendo construídos e praticados, como a fraternidade. "Como é possível nutrir um tipo de amizade que procura não discriminar raça, origem e diferenças sociais?" A citação que abre esta introdução nos convida a recriar formas de cooperação e a imaginar pequenas comunidades que teriam um papel muito importante para a sociedade. "Através da cooperação seria possível humanizar as relações sociais, equilibrar e tornar democrática uma sociedade?"; "Esses espaços de convivência e de proximidade poderiam ser laboratórios do *mundo comum*, mundo

---

4 Este livro contém três dos oito capítulos da versão francesa.

este em que os valores do *bem*, do *bom* e do *belo* poderiam ser criados e praticados todos os dias?" O desafio permanente da Copavi é construir uma "minissociedade" justa. De praticar os valores que deem sentido aos sócios, que lhes deem vontade de permanecer ali e que possam sentir que são "uma família". Porém, uma família política, aberta a novas famílias e também à partida dos sócios que assim decidam.

Metodologia da pesquisa: ver, sentir e compreender os fenômenos *in situ*

A pesquisa foi realizada no assentamento Santa Maria, Cooperativa Vitória (Copavi) entre 2000 e 2003. Neste período, vivi no assentamento entre 5 a 30 dias, realizando um trabalho etnográfico, e ali pude observar e participar da vida cotidiana, além de realizar inúmeras entrevistas semidiretas.[5] Sabe-se que as vantagens desse método são enormes. Ao observar os indivíduos *in situ*,[6] ou seja, no seu lugar habitual, o sociólogo pode testemunhar o comportamento dos indivíduos em diferentes situações.[7] Graças a essa inserção, o pesquisador tem a oportunidade de observar e descrever práticas incomuns, que geralmente não fariam parte de um questionário. Foi a lógica indutiva que orientou a pesquisa,[8] ou seja, cheguei ao assentamento sem ter elaborado hipóteses prévias. Não tinha ideia dos fenômenos que iria encontrar naquele mundo social, e como orientaria o objeto de estudo. Havia uma curiosidade

---

5 Recomendo o texto de SCHWARTZ, Olivier. "L'empirisme irréductible. Postface". *In*: ANDERSON, Nels. *Le hobo*. Paris: Nathan, 1993, pp. 265-308.

6 Termo usado por HUGHES, E. C. "La place du travail de terrain dans les sciences sociales". *In*: ______. *Le regard sociologique*: essais choisis. Textos organizados por Jean-Michel Chapoulie. Paris: EHESS, 1996, p. 267.

7 Não há dúvida de que o pesquisador também tem um papel em relação ao objeto de estudo, o qual influenciará as conclusões de sua pesquisa.

8 Ao contrário da lógica dedutiva, na qual se começa com questões formuladas previamente, construindo um guia de observação antes de ir a campo.

em conhecer, analisar e compreender como as famílias viviam, de penetrar o *universo de sentido* das mesmas. Os fatos e os dados foram coletados e analisados como *significações sociais*, ou seja, a partir da vivência dos atores, e não como entidades objetivas. Foi ao longo da pesquisa que o tema central foi sendo construído e encontrando-se sentido. Ao longo dos anos, o trabalho foi sempre o de compreender o sentido das práticas, e isso só foi possível com as interações face a face.[9]

A escolha da Copavi como objeto de estudo

Escolhi analisar somente um assentamento, não tendo a pretensão de obter dados com representatividade estatística. Carole Gayet-Viaud observa que na pesquisa qualitativa e etnográfica, "o que está em jogo é o trabalho de coleta de 'possíveis', como no trabalho do colecionador, coleta (...) das condutas existentes, em sua variedade".[10] A escolha desse assentamento levou em conta dois critérios: tendo a formação de nutricionista, o tema da segurança alimentar no meio rural me interessava.[11] A experiência-modelo da Copavi com o refeitório me impactou; graças a essa política alimentar, todos os sócios podiam participar das atividades e dos trabalhos da cooperativa, algo inédito no meio rural.[12] O segundo fator é geográfico: a cidade de Paranacity fica próxima de Cascavel, onde tenho família. Fazer o estudo na Copavi tornaria possível,

---

9 EMERSON, Robert. "Le travail de terrain comme activité d'observation. Perspectives ethnométhodologistes et interactionnistes". *In*: CEFAÏ, Daniel (Coord.). *L'enquête de terrain*. Paris: La Découverte, 2003, p. 400.

10 GAYET-VIAUD, Carole. *L'égard et la règle*: Déboires et bonheurs de la civilité urbaine. Paris: EHESS, 2008, p. 384 (Tese de Doutorado em Sociologia). Tradução livre.

11 Para obter o *Diplôme d'Études Approfondies* (DEA) de Antropologia e Sociologia da Política, no Institut d'Études du Développement Économique et Social (IEDES), Université de Paris I, Paris, Sorbonne, 2000.

12 MALUF, Renato Sergio. "Ações públicas locais de apoio à produção de alimentos e à segurança alimentar". *Papers*, nº 4, Instituto Pólis, 1999, pp. 63/64.

além do trabalho de campo, os encontros familiares. Assim, alguns fatores positivos facilitaram minha integração ao grupo.

Condições de inserção no assentamento: o benefício das origens comuns

A minha aceitação pelo grupo foi facilitada pelas nossas origens comuns.[13] Uma grande parte das famílias tem sobrenomes estrangeiros. São descendentes de imigrantes europeus instalados no Rio Grande do Sul que, entre os anos de 1950 e 1970, imigraram para o Paraná, à procura de terras virgens ou de trabalho. Minha família tem a mesma história.[14] Sabe-se que a cultura de imigrantes europeus é fundada no trabalho familiar, em pequenas propriedades rurais. Conheceram a autonomia e a liberdade de trabalhar na própria terra ou no próprio negócio. Os colonos europeus são conhecidos pela cultura centrada no trabalho, nas famílias numerosas e na produção de gêneros alimentícios como o milho (para a polenta), o vinho, o queijo, a linguiça, a radite (ou *radicchio*), o churrasco e o chimarrão. Escutei os militantes dizer que eu poderia ser filha de fulano ou irmã de cicrana, pois tínhamos características físicas semelhantes. Além disso, o nosso sotaque era parecido e podíamos passar horas tomando chimarrão. De fato, compartilhar o chimarrão ajudou muito nas entrevistas.

Uma imagem que guardo desses anos de entrevistas: a garrafa térmica, a cuia com a erva mate e o gravador. Estas características,

---

13 Nicolas Renahy observa, no seu livro, que foi acolhido de forma familiar e calorosa pelos atores pesquisados, e atribui isso ao fato de pertencer a mesma zona geográfica: "Sem a herança de um capital social particular e das virtudes emancipadoras da Escola Republicana, eu poderia ter sido, sem dúvida, um 'tipo como eles'" (RENAHY, Nicolas. *Les gars du coin*. Paris: La Découverte, 2005, p. 30). Tradução livre.

14 Meus ancestrais chegaram da Alemanha entre 1880 e 1905, fixando-se no Rio Grande do Sul. Seguindo o costume, meus pais imigram e se instalam em Cascavel, no Paraná, em 1954.

citadas acima, davam a cada encontro um aspecto quase familiar. Podemos dizer que esse conjunto de "coincidências" permitiu que meu lugar dentro do grupo fosse além do papel de socióloga. Ao longo dos quatro anos, pude, progressivamente, fazer parte do cotidiano das famílias e pude observar que as informações circulavam facilmente. Acredito que tal condição de proximidade determinou o que pude ver, escutar e fazer na cooperativa e nesta pesquisa. Tenho como hipótese que a maneira como as famílias me receberam é similar à maneira como recebem os "novos militantes", aqueles que desejam ingressar na Copavi. Assim, não foi somente o que tínhamos em comum que tornou possível minha integração ao grupo e a realização desta pesquisa: percebi que no centro da "cultura política" dos militantes Sem Terra, há a preocupação de acolher bem os que chegam, pois são vistos como militantes potenciais, *companheiros de luta.*[15] *Também existe a preocupação de dar tempo ao diálogo, de poder confiar nos companheiros, de construir amizades.*[16] *Como seria possível ao MST existir como movimento sem essas características?*

Um estudo longitudinal: quatro anos se encontrando

Tudo começou no ano 2000, quando fiquei uma semana no assentamento e pude conhecer algumas famílias, estabelecendo as bases de nossa relação. Minha intenção era observar algumas atividades da cooperativa e da vida das famílias. A maneira como fui recebida – *a entrada do sociólogo no campo* – é muito significativa. Vou descrever duas cenas da noite da chegada: o jantar com Terezinha e o acolhimento de Célia, para dormir. Desde o início percebi uma abertura ao desconhecido e uma preocupação de ser útil ao visitante.

---

15 Senti que, para os militantes, futuramente eu poderia ser útil ao movimento. Me perguntavam onde eu iria morar após terminar a pesquisa.

16 Observei que geralmente a entrada dos indivíduos no MST se faz através do convite de um amigo.

Cheguei à rodoviária de Paranacity e liguei para Jacques, com quem eu já havia falado na semana anterior. São seis horas da tarde e está escuro. Pelo telefone, ele me explicou como chegar a pé ao assentamento. Jacques me disse que iria para a escola e que Terezinha iria me receber para jantar. Quando cheguei à Copavi, cruzei com Jacques e uns dez militantes indo pegar o ônibus para estudar; nos apresentamos rapidamente e Jacques me mostrou onde era a casa de Terezinha. Bati na porta e ela apareceu, me recebendo calorosamente. Foi a minha primeira vez ali; sem conhecer ninguém, me senti tímida.

Terezinha pediu desculpas pela simplicidade da casa e do jantar. Ela não comeu comigo, o que lhe deu a oportunidade de falar sem esperar resposta. Perguntou como foi a minha viagem e, em seguida, falou da sua vida privada. Então, contou a história da morte de seu bebê, que havia ocorrido três meses antes, a qual Terezinha relatou em detalhes.

Posso sentir o quanto esse evento a traumatizou, mas não compreendi por que ela havia decidido me contar algo tão íntimo. Em torno de 22h30, ela me levou até a casa de Célia, onde decidiram que eu iria dormir. Ela e seu marido havia acabado de chegar da escola, e logo percebi que Célia estava grávida. Apesar da hora avançada, Célia conversou comigo uns instantes, momento em que me apresentei. Depois, ela me mostrou onde iria dormir naquela noite.

Essa primeira noite no assentamento foi uma experiência rica e marcante. Pude compreender o que significa "acolhimento" para os militantes. Terezinha foi a primeira mulher que conheci e ela me tratou como se eu fosse uma Sem Terra; conversou comigo como se já nos conhecêssemos de longa data. Naquela ocasião, escolheu falar de seu sofrimento, da tragédia que foi a morte recente do seu bebê. Me ofereceu seu tempo e um jantar, além da sua simpatia. Passamos um bom tempo conversando e me senti bem na sua companhia. O fato de ser considerada "digna de confiança", logo na chegada, me surpreendeu.

Em 2001, na segunda vez que encontrei as famílias, fiquei com eles oito dias. Da rodoviária, telefonei para a secretaria da Copavi e Ildo foi me buscar de carro. Como estava na hora de buscar as crianças na creche de Paranacity, passamos lá antes de ir à Copavi. Ildo me convidou para tomar chimarrão e em seguida, para jantar, com a sua mulher, Dirlei, e os quatro filhos pequenos. Um ano havia passado, mas o sentimento era de "continuação", como se estivesse estado lá uns dias antes. Desta vez (e até 2003), fiquei hospedada na *casinha do militante*, com dois quartos e uma cozinha/sala; era o lugar destinado a todos os visitantes e os militantes que ainda não eram sócios, muitas vezes de passagem.

À noite, após o trabalho de pesquisa na Copavi, podia encontrar, conviver e discutir com alguns militantes. Nessa época, estava em dúvida sobre como um indivíduo poderia ser militante do MST e ao mesmo tempo ter e cuidar de uma família. Decidi, então, realizar 15 entrevistas sobre os conflitos que poderiam haver entre a vida privada e a vida no coletivo e acompanhar os militantes em algumas atividades. Foi assim que passei alguns dias com Ildo, vendendo os produtos da cooperativa, em Paranacity. De carro, nós íamos de casa em casa, oferecendo os produtos da Copavi aos consumidores habituais. Ildo conhecia bem todo mundo, chamando os fregueses pelo nome. Senti que ele tinha vontade de me apresentar aos clientes: "a francesa que estava de visita". Lembro que uma senhora respondeu:

— Vocês têm sempre alguém de fora visitando vocês, né?

Almoçava com as famílias no refeitório, e pude participar de reuniões do Núcleo de Base.[17] Numa dessas reuniões, apresentei e lhes dei um exemplar de meu trabalho de pesquisa realizado no ano anterior. Apesar de não compreenderem o francês, senti que ficaram orgulhosos de ver o documento de mais ou menos cem

---

17 No primeiro capítulo, descrevo esse e os outros dois dispositivos de discussão na Copavi.

páginas com fotos suas e da Copavi. Acredito que esse momento foi muito importante para a continuidade da pesquisa. Eu estava ali, discutindo as conclusões do trabalho e, ao mesmo tempo, mostrando que uma instituição francesa de pesquisa se interessava pelas suas vidas e pelo seu trabalho. No momento de ir embora, Ildo e Dirlei me pediram para acompanhar suas filhas adolescentes, Daniela e Danuza, até Cascavel, pois era a minha rota. Esse gesto me deu a sensação de que estávamos mais próximos, pois havia confiança mútua.

O terceiro trabalho de campo foi realizado em 2002, quando senti que minha presença tinha sido assimilada, não sendo mais vista como a "estrangeira". Com certeza, um certo tempo é fundamental para que um trabalho de campo possa ser efetivo e capaz de realizar análises pertinentes com a realidade estudada.[18] Multiplicam-se as chances de se encontrar no lugar e no momento preciso. Porém, acredito que a instauração de uma relação de confiança e de igualdade aconteceu a partir do momento que decidi trabalhar na Copavi, oito horas por dia, formalizando meu pedido numa reunião do Conselho Deliberativo. Meu objetivo era "ver de dentro".

À medida que fui mostrando que era capaz de fazer qualquer coisa, aceitando todo tipo de trabalho, constatei que ficaram surpresos. Como num dia, por exemplo, que estava fazendo -2°C, e descemos juntos para trabalhar às 7 horas da manhã. Acho que esse tipo de sacrifício eles não esperavam de uma pesquisadora. A experiência de trabalhar um mês na Copavi me deu a possibilidade de observar como os sócios agiam nas reuniões e no trabalho, além de mostrar um novo papel, um "militante em potencial": alguém que respeita os horários e se compromete. A minha participação ativa foi valorizada e nossa relação de amizade se tornou mais forte. Graças a esse comprometimento, pude obter entrevistas longas, que

---

18 "É com o tempo que se constrói seu estatuto, as modalidades de sua aceitação" (SCHWARTZ, Olivier. "L'empirisme irréductible. Postface". *In*: ANDERSON, Nels. *Le hobo*. Paris: Nathan, 1993, p. 270). Tradução livre.

possibilitaram avançar no projeto de pesquisa.[19] Entretanto, pude verificar que a imagem de "boa militante" está sempre em risco. Descrevo a seguir uma interação com Daniela, para mostrar que toda relação é frágil. A coerência é uma exigência na construção da confiança entre o pesquisador e os atores pesquisados.

Em 2002, cheguei à Copavi com um boné que eu tinha achado na casa de meus pais.[20] Eu não tinha prestado atenção na palavra escrita no boné: "*Roundup*". Minha atenção estava toda voltada para o trabalho de pesquisa, e peguei o primeiro objeto que poderia me proteger do sol quente. Sem me dar conta, estava chegando com um produto publicitário, com o boné do "inimigo", Monsanto. No terceiro dia, fui questionada por uma jovem de 16 anos, Daniela (a jovem que eu havia acompanhado até Cascavel no ano anterior). Ela estava com uma cara desconfiada e acredito que não podia compreender a escolha de usar aquele boné. Finalmente, ela perguntou:

— Susana, por que você está usando esse boné?

Fiquei uns minutos pensativa até compreender a gravidade da situação. Tirei o boné, envergonhada. Naquele momento, constatei

---

19 Gravei um total de 28 histórias de vida. Para mim, esse método descreve com objetividade e também com subjetividade a realidade vivida pelos atores sociais (cf. BERTAUX, Daniel. *Les récits de vie*, col. 128. Paris: Nathan, 1997, p. 6). E também a definição: "Há 'história de vida' quando há descrição, numa narração, de um fragmento da experiência vivida" (BERTAUX, Daniel. *Les récits de vie*, col. 128. Paris: Nathan, 1997, p. 9). Tradução livre. Procurei diversificar as entrevistas, encontrando atores com pontos de vista e inserção social diversas. Com esse objetivo, entrevistei autoridades de Paranacity (diretor do Banco do Brasil, prefeito e alguns padres). Na França, entrevistei militantes de passagem, convidados por algumas ONGs. Enfim, em 2001, pude participar do Encontro Europeu dos Amigos do MST, em Paris. Nesse encontro, observei a maneira como os militantes atuam no espaço internacional e o tipo de relação que tentam construir com as ONGs e com os grupos de amigos do MST na Europa.

20 Meu pai tinha um sítio onde cultivava soja e milho, usando agrotóxicos para o controle de pragas.

que não havia possibilidade de ficar "em cima do muro": para estar ali e realizar a pesquisa, era necessário ser coerente com o que afirmava serem minhas opções políticas.

Para Daniela (e para alguns militantes), minha aceitação ali estava condicionada ao fato de pertencer ao grupo, mas o meu gesto "politicamente incorreto" denunciava uma incoerência e levantava uma suspeita sobre quem eu era de fato. Meu boné dizia que eu dava aval à Monsanto, e ao tê-lo comigo, não era mais possível acreditar no meu comprometimento com o MST. Contudo, esse fato não teve consequências negativas; o que eu já tinha demonstrado ser compensou o deslize momentâneo.

Em 2003, último ano da pesquisa, cheguei à Copavi achando que a decisão de fazer mais um trabalho de campo era um exagero. Estava convencida que "já tinha visto tudo". Porém, ao longo do tempo, compreendi que, nesse último encontro, estava construindo a base das conclusões mais importantes. A compreensão do tipo de comprometimento, "corpo e alma" dos quadros do MST, só foi possível com a experiência de ser profundamente afetada pelas ações do grupo,[21] o que ocorreu na ocupação de terra no dia 5 de agosto de 2003.[22]

A participação ativa na preparação da "festa de 10 anos" da Copavi, em julho de 2003, também foi fundamental para compreender o valor que tem a mística para os militantes do MST. Os dados revelam que a celebração da festa era, para os sócios, um momento que deveria marcar não apenas os espíritos das famílias, mas também dos convidados, algo em torno de 600 pessoas. Até

21 Jeanne Favret-Saada mostra que "ser afetado" pelo objeto de estudo é uma das condições necessárias para realizar uma pesquisa consequente. As observações que o pesquisador consegue efetuar ao longo do trabalho de campo caminham juntas com o seu ressentir. Cf. FAVRET-SAADA, Jeanne. "Être affecté". *Gradhiva*, Paris, nº 8, 1990, pp. 3-9.

22 No primeiro capítulo, há uma descrição desde a ocupação.

aquele momento, não tinha participado de construção coletiva de uma mística, com a presença de especialistas. Minhas hipóteses sobre o que "permite viver juntos" e o que permite o "comprometimento de corpo e alma" estavam incompletas. Não havia relacionado engajamento e mística. Essa experiência marcante tornou visível o aspecto transcendente que tem o engajamento dos militantes Sem Terra, tema abordado no terceiro capítulo deste livro.

CAPÍTULO I

CONSTITUIR A COMUNIDADE

> Agora a gente tá assim como uma família. Tu tá o dia a dia com as pessoas, tipo assim... eu não tenho dificuldade de me relacionar com as famílias.[23]

> Eu poderia dizer do sistema que a gente vive aqui... que é o socialismo dentro do capitalismo. Socializar tudo em prol do bem comum, de todas as famílias... Isso é uma revolução no interior das pessoas.[24]

1.1 Fundadores e fundações: a coragem e a determinação dos pioneiros

Nas pesquisas sobre a situação das terras públicas no Paraná, a direção do MST no Estado descobre que a fazenda Santa Maria era utilizada ilegalmente. Essa fazenda era propriedade do Estado e, segundo a lei, deveria ser utilizada para a reforma agrária. Na

---

23 Entrevista com Terezinha, realizada em 19 de setembro de 2001. Todas as entrevistas deste livro foram realizadas em Paranacity, salvo especificação contrária.

24 Entrevista com Sacola, realizada em 20 de setembro de 2001.

prática, a fazenda estava sendo usada por um usineiro. O MST do Paraná decide então organizar nessa terra uma Cooperativa de Produção Agrícola (CPA), com a propriedade e uso da terra de forma coletiva. A ideia era formar um grupo de 25 famílias dispostas a viver essa experiência. O grupo de pioneiros sabia desde o início que essa ocupação implicava viver uma experiência coletiva, ou seja, renunciar ao objetivo de ser proprietário individual da terra. Um militante do MST, Jacques, foi encarregado de encontrar e organizar militantes Sem Terra, com uma história de comprometimento e interessados em ocupar e em viver na fazenda Santa Maria. De fato, Jacques devia encontrar famílias que já tinham vivido alguma "experiência coletiva".

Algumas informações sobre Jacques são necessárias para compreender como esse processo foi possível. Ele nasceu em 1968, no oeste do estado do Paraná, em Boa Vista da Aparecida. Essa região é conhecida por ser onde o MST começou a sua história com as primeiras ocupações e a criação dos primeiros assentamentos. Jacques pode ser visto como um dos primeiros militantes que, tendo nascido no Paraná, tem família com origem no Rio Grande do Sul. Seus pais vivem na cidade, sua mãe é dona de casa e seu pai, funcionário da prefeitura.

As condições econômicas da família eram extremamente difíceis. O pai saiu de casa duas vezes em busca de trabalho, tentando melhorar a situação econômica da família. Nesses momentos de incerteza, Jacques (filho mais velho) e seus seis irmãos tiveram de trabalhar para o sustento da família. Assim, com 10 anos, Jacques já trabalhava como boia-fria[25] nas fazendas de soja e de feijão. Em seguida, trabalhou como garçom num restaurante e, mais tarde, como pintor de carrocerias de caminhão. Com 14 anos, terminou o ensino fundamental ao mesmo tempo em que trabalhava como

---

25 Para mais informações sobre essa categoria, consultar: D'INCAO E MELLO, Maria Conceição. *Boia fria, acumulação e miséria*. Petrópolis: Vozes, 1975.

auxiliar numa padaria. Nesse emprego, ele era obrigado a ficar acordado até tarde. Além disso, o ritmo de trabalho não permitia que Jacques pudesse estudar. Por conta disso, ele não passou nos exames do primeiro ano do ensino médio, e decidiu abandonar os estudos.

Entre 1985 e 1987, Jacques atuou na Pastoral da Juventude Rural (PJR). Coordenador de seu grupo, viajou para muitas comunidades rurais, estudando o Evangelho numa perspectiva política. O slogan dos padres da região (desenvolvido em outros países do mundo) é "Ver, julgar, agir". Esse método é baseado na pesquisa de uma resposta concreta aos problemas sociais, uma *transformação social*. No final de cada ano de trabalho, a Igreja promovia um grande evento, reunindo mais de 300 jovens em jogos, estudos e organizando seus objetivos para o ano seguinte.

Nesse momento em que o MST acabava de nascer, a discussão sobre a reforma agrária fazia parte dos temas discutidos, mas a paróquia não tinha participação direta nas ações do movimento. A ação dos jovens naquela região se dava nos sindicatos dos trabalhadores rurais e na formação do Partido dos Trabalhadores (PT). Jacques conta que, graças a esse trabalho político, ele adquiriu uma visão crítica da realidade, e abandonava progressivamente a posição daqueles que "aceitam tudo", sem reagir às injustiças. Porém, a Igreja em seguida abandonou esse trabalho com o grupo de jovens.

Jacques decidiu continuar a militância e se juntar ao MST graças ao convite de seu amigo, Ireno Alves.[26] Este último propôs a Jacques de viver com outros militantes, numa experiência comunitária:

---

26 Ireno Alves faleceu num acidente de carro no dia 25 de dezembro de 1996. O MST deu seu nome a um dos maiores assentamentos do Brasil, com 1500 famílias, em Rio Bonito do Iguaçu, Paraná (cf. RIZEK, Cibele Saliba; LOPES, João Marcos de Almeida. "La fondation de la première ville des sans-terre au Brésil. La communauté d'Ireno Alves dos Santos". *In*: CEFAÏ, Daniel; JOSEPH, Isaac. *L'héritage du Pragmatisme*. Paris: Éditions de l'aube, 2002, pp. 359-370).

"Se você quiser eu encontro uma família para que você possa viver num acampamento". Essa decisão vai contra a vontade de sua mãe, que temia pela sua vida. Seu patrão fez uma pressão psicológica, dizendo que aumentaria seu salário,[27] além de criticar o MST: "É uma coisa de louco... Não é possível que você vá...".

Apesar de toda a pressão, Jacques participou de sua primeira ocupação aos 19 anos, em 5 de agosto de 1988, e viveu durante quatro anos no acampamento Inácio Martins[28] com Solange, o marido dela e o filho do casal. Jacques assumiu a coordenação do grupo de jovens e, nessa função, conheceu todos os acampamentos e os assentamentos da região oeste do Paraná. Quando surgiu a possibilidade de ocupar a fazenda Santa Maria, a coordenação do MST no Estado escolheu Jacques para constituir o grupo de famílias. Ele tinha dois desafios: o primeiro era convencer as famílias a organizar a ocupação. O segundo seria convencê-las a deixar seus entes queridos, a sua cultura e a região em que nasceram.

Graças à experiência de mais de cinco anos como membro do quadro do MST, Jacques conseguiu reunir um grupo de famílias para montar a ocupação a mais de 400 km distância, no noroeste do Estado, onde o MST ainda não era conhecido naquela época. Esse grupo tinha a missão de ser aceito e reconhecido pela população de Paranacity. A decisão de partir é uma prova e cada membro do grupo vai responder à sua maneira ao desafio. Percebe-se nas entrevistas que frequentemente são as mulheres que têm mais dificuldade de tomar a decisão. A análise da trajetória de três jovens mulheres poderá nos ajudar a compreender melhor quais

---

27 Jacques trabalhou até os 19 anos sem carteira assinada, recebendo um salário inferior ao estipulado pela lei.

28 O caminhão enguiçou e não chegaria a tempo. Jacques e as cinco famílias não poderiam participar da ocupação. Na semana seguinte, seu amigo entrou em contato e Jaques partiu para viver no acampamento com as 400 famílias que já estavam lá. Em 1991, ele deixou esse acampamento para viver no assentamento de Lindoeste, numa experiência coletiva, o qual deixou em 1993, para realizar a ocupação da fazenda Santa Maria.

são as dificuldades e como as mulheres são a base da formação da comunidade que se organizará na cooperativa Vitoria.

A escolha de começar uma nova vida é uma experiência única para cada uma delas, em relação direta com a sua visão de mundo e de sua experiência política até então.

1.2 A encarnação do líder político: Solange

Solange nasceu em 1962, no Rio Grande do Sul. Muito jovem, ela acompanhou seus pais, que migraram para o sudoeste do Paraná.[29] A família comprou quatro alqueires de terra, no meio do mato. O desafio seria começar do zero, sem financiamento público. Aos 11 anos de idade, ela perdeu o pai num acidente de carro, e tornou-se o braço direito da mãe:[30]

— Sou de uma família muito pobre. A mãe teve seis filhos em onze anos. Tudo juntinho. E com doze anos de casados o finado pai acabou falecendo. E a mãe ficou com os seis filhos. Eu era a mais velha, tinha onze anos. A mais nova tinha um aninho. Então foi uma vida um tanto difícil. A gente sempre trabalhando, batalhando... Minha mãe conseguiu uma pensão. Nos primeiros dois anos (depois da morte de seu pai), nós trabalhamos com uma família que veio morar de arrendatários, trabalhavam com a gente... A terra era muito pequena. Toda a lavoura era trabalho braçal. Muito mato. Mas depois de dois anos nós já começamos

29 Em 1957, essa região foi palco de uma revolta de colonos vindos do Rio Grande do Sul. De origem italiana e alemã, esses colonos se revoltaram contra as práticas ilegais de empresas de colonização da região, que queriam expulsá-los da terra. Essa região guarda uma forte tradição associativa entre os trabalhadores rurais.

30 Solange conta que desde criança tinha personalidade de líder. Com 9 anos, numa viagem ao Rio Grande do Sul, na casa da avó, é ela quem puxou o terço à noite, na companhia de 12 pessoas da família.

nós mesmos a tocar. Eu com 13 anos, meu irmão com 12 anos e a minha mãe.[31]

Aos 14 anos, encorajada pela mãe, Solange descobriu uma paixão: trabalhar na Igreja todos os finais de semana – da organização da catequese das crianças à coordenação do grupo de jovens, além da participação nas atividades políticas desenvolvidas pela paróquia nas comunidades vizinhas.

— A gente estava sempre participando. Desde o finado pai que participava da igreja [católica], do sindicato. Sempre envolvida. Tinha a Assesoar...[32] que o finado pai já era sócio e depois a mãe continuou... E nisso a gente foi se envolvendo, né? Com 14 anos eu já ajudava na catequese, né? Eu ajudava na igreja, muito. Com 17 ou 18 anos já comecei a participar no sindicato... Tava assim iniciando as lutas das mulheres, começando a participar dos sindicatos [1980]. E eu participava como uma liderança da comunidade, né? (...) Então participava do sindicato, dos clubes de mães... a gente sempre tava envolvida e continuava na catequese, coordenadora do grupo de jovens né? (...) Eu tive assim a juventude com uma liberdade muito grande, de estar participando. A mãe participava e nós também. Tanto na questão do esporte, do lazer a gente sempre tava... em baile, em festa... em tudo a gente participava... jogos... sempre! sempre! Como era coordenadora do grupo de jovens, a gente então saía sempre! O final de semana era direto. Era sábado à noite, era domingo, era sábado à tarde... tinha os grupos de mães, faziam festinhas... então a gente participava muito, né? (...) A mãe conseguiu criar nós seis assim... uma estrutura muito boa. Ela dava oportunidade pra nós participar, então foi muito bom!

---

31 Entrevista com Solange, realizada em 9 de julho de 2002.

32 Assesoar (Associação de estudos, de orientação e de assistência rural) foi fundada em 1966 por 37 jovens agricultores com o apoio do padre belga Jef Caekelbergh e de alguns profissionais liberais da cidade de Francisco Beltrão.

Entretanto a participação no sindicato não foi fácil. Durante os anos da ditadura militar este sindicato ficou fechado à participação popular.

— Na cidade de Capanema, nós tivemos uma sorte muito grande! Que eu lembro... acho que foi em 1974, veio um padre... pessoal da Holanda. E veio também uma mulher trabalhar nos clubes de mães, que é a Paula. Até hoje tá aí pelo Paraná, ajudando na organização das mulheres (...) E esse pessoal foi que deu uma abertura muito grande. E o sindicato... a gente só conseguiu ganhar depois que eles chegaram... O pessoal que tava no sindicato, já fazia 18 anos que tava lá. O mesmo Presidente! Aí, foi através da igreja que a gente entrou no sindicato. Conseguiu né? Teve daí eleição... e o ministro da eucaristia que era da nossa comunidade que ficou Presidente, né? E a gente era muito ligado... era o Pedro Tonelli. Depois ele foi deputado né? O primeiro deputado do partido dos trabalhadores do Paraná (PT). Então eu acho que é assim... mais da igreja que do próprio sindicato. O sindicato a gente conquistou depois, né? Primeiro quem deu o pontapé foi a igreja e a Assesoar que fazia a reunião, mostrava as questões mais críticas da época, "que tinha que começar a se organizar!"

Solange se casou com 23 anos e foi morar em Balneário Camboriú, onde seu marido trabalha numa sorveteria. Porém, ela não se adaptou a essa nova vida na cidade e depois de alguns meses o casal voltou a viver com a sua mãe. E é com o apoio da mãe que Solange, seu marido e seus irmãos entraram no MST. Com 28 anos, para Solange foi muito natural participar da ocupação de uma terra com os militantes do MST. O casal foi viver no acampamento Inácio Martins por quatro anos. Seu marido preferiu trabalhar na cidade. Como ele havia ficado em contato com seu antigo emprego, ele continuaria a vender sorvete durante os meses de verão, em Camboriú. Solange, então, assumiu a responsabilidade de organizar as famílias do acampamento; atuou na organização das mulheres e na preparação da comida para o coletivo. Viajava frequentemente com as outras lideranças para participar das reuniões de coordenação do MST na capital, Curitiba. Solange era conhecida dos pistoleiros que ficavam na entrada do acampamento. Ela contou como enfrentou tais pistoleiros, apesar do pânico que sentiu, no dia em que eles a sequestraram e a prenderam por algumas horas. Eles queriam convencê-la a abandonar o acampamento e levar as famílias com ela.

Apesar do seu comprometimento precoce junto à Igreja e de haver pensado até em ser freira, Solange não é uma mulher marcada pela moral tradicional e conservadora, típica do mundo rural, onde o casamento é para a vida toda. Antes de partir para ocupar a fazenda Santa Maria, Solange decidiu deixar seu marido. Sua atitude escandalizou os sócios da cooperativa de Lindoeste, onde ela estava morando há pouco mais de dois anos.[33] Mais tarde, Jacques declararia seu amor e sua intenção de se casar com ela. Partir para Paranacity é uma oportunidade de começar uma nova vida, com uma nova família.

1.3 Uma socialização política precoce: Célia

Ao contrário de Solange, Célia não queria partir para ocupar a fazenda Santa Maria. Ela só aceitou quando compreendeu que seu pai e outros membros da família também participariam da ocupação. Filha mais velha, Célia diz que desde a sua infância via o pai como um Sem Terra. Graças às suas economias e a ajuda de seus irmãos, o pai comprou os seis alqueires do avô de Célia, que havia migrado para a cidade.

Célia é habituada à vida política desde pequena, participando, na companhia de seu pai, da Assesoar. Nessa associação, ele tomou consciência de que os trabalhadores precisam se organizar, única forma de mudar a realidade social. Em 1984, seu pai começou a participar

33 Solange e algumas famílias haviam deixado o acampamento de Inácio Martins para fundar a cooperativa agrícola coletiva de Lindoeste.

do Partido dos Trabalhadores (PT) e realizou um trabalho de base com os trabalhadores rurais das 22 comunidades rurais vizinhas da cidade de Nova Prata do Iguaçu. Próximo da população, ele foi eleito duas vezes Presidente do sindicato dos trabalhadores rurais da região. Antes de ser eleito, ele ajudou o Presidente em exercício a organizar a primeira ocupação de terra de sua região.[34]

Apesar das ameaças de morte, o pai de Célia não interrompeu suas atividades políticas. Ele viajava muito para coordenar as reuniões políticas e desde os 12 anos Célia o acompanhava. Em vez de trabalhar na casa, como as outras mulheres, Célia preferia se encarregar dos trabalhos agrícolas e de gerenciar os empregados de seu pai.

Célia contou que seu pai sofreu muito por ser o único membro de esquerda da família. Aliás, a família considerava-o um comunista ou, como se dizia na época: "aqueles que comem criancinhas".

— Ele [seu pai] sofreu muita violência... Uma vez, ele tinha colocado o retrato do Lula na parede da nossa casa. Durante a noite meus tios colocaram chifres na sua imagem e depois queimaram o seu retrato com óleo quente. Nós tínhamos o habito de rezar o terço, com uma capelinha de madeira. A capelinha passava por todas as casas da comunidade. Meu tio proibiu de levar a capelinha na nossa casa![35]

Para o padre da cidade, o MST é animal de sete cabeças, uma coisa diabólica. Célia lembrou de um acontecimento marcante quando ela tinha 12 anos. A cena se passou na Igreja durante uma missa. Naquele dia, as famílias presentes celebravam a primeira comunhão de várias crianças. O padre é conhecido por todos por ser proprietário de uma terra onde ele criava vacas. Através da confissão de um membro da igreja, o padre ficou sabendo que

---

34 Ameaçado de morte, o Presidente não terminou seu mandato, migrando para o norte do país. O vice-Presidente assumiu a presidência até as novas eleições.

35 Entrevista com Célia, realizada em 26 de julho 2002.

o pai de Célia estava mobilizando algumas famílias para fazer uma ocupação numa terra próxima. Antes de terminar a missa, o padre pediu ao pai de Célia de vir ao altar. Em seguida, pediu explicações sobre o projeto da ocupação. Teve início, então, uma discussão entre o padre e o sindicalista, e o padre exigiu então que o sindicalista se desculpasse. O pai de Célia respondeu ao padre: "Eu não vou pedir perdão ao senhor! Foi o senhor que me convocou para vir aqui na frente. Eu não faço mal a ninguém. Não estou enganando as famílias! Estou ajudando! O senhor está vestindo esta batina, mas o senhor é como eu. Se eu tivesse que pedir perdão, eu pediria perdão a Deus, no campo atrás de um troco de árvore!" Na confusão, as famílias começam sair da igreja sem que o padre pudesse terminar a missa.

Tudo indicava que as experiências vividas ao lado do pai dariam a Célia uma capacidade de observar a realidade com um olhar crítico e sensível as injustiças sociais. Aos 14 anos, Célia esperava um filho de Sacola e o casal decidiu entrar no MST, indo viver num acampamento, onde estavam seus sogros. Foi a primeira experiência deles numa associação com militantes do MST. Poucos meses depois, o casal participou de sua primeira ocupação, e o segundo filho nasceu num barraco. Nesse acampamento, o casal teve sua primeira experiência coletiva, compartilhando com outras cinco famílias a propriedade de algumas vacas.

Célia lembrou de um momento de confronto com a polícia, que chegou de surpresa ao acampamento. De acordo com a entrevistada, era de madrugada quando ela se levantou para fazer o café, no fogão improvisado na frente do barraco. De repente ela viu, no alto da colina, muitos homens armados com uniforme de polícia num caminhão que se aproximava do acampamento. Célia imaginou que a pessoa que tinha que fazer a guarda havia dormido; era sua a responsabilidade de dar o alarme às famílias. Então, começou a falar muito alto, tentando acordar seu marido e as crianças. Uma confusão se instalou no acampamento e ela perdeu seu marido de vista. Apesar do caos e do medo, as famílias ficaram todas juntas e não fugiram. Juntas, elas formaram um cordão humano em torno dos barracos, impedindo que fossem destruídos pela polícia. De pé, unidos, ficaram assim durante horas, mesmo sob chuva e frio. As crianças choravam de fome, parecia cena de catástrofe. Apesar disso, todos continuaram unidos, ninguém deixou o grupo.

De repente, começou a chegar ajuda. Um acampado, que tinha conseguido fugir, tinha ido à cidade pedir ajuda a outros acampados. Nesse momento, alguns militantes descobriram que não eram policiais de verdade, mas pistoleiros com o objetivo de destruir o acampamento, pagos pelo proprietário da terra ocupada. Diante da determinação das famílias, os pistoleiros acabaram indo embora.

Célia contou que depois desse acontecimento, ela percebeu uma mudança em sua própria personalidade, ou seja, não se sentia mais a mesma pessoa. O fato de sentir que ela havia sido mais forte que a polícia a tornava uma pessoa mais corajosa e segura de si mesma. É importante compreender que esse momento de extrema tensão teria uma ressignificação pitoresca na memória do grupo. Durante as semanas seguintes, as famílias exploraram o lado cômico da cena. Todos riam, faziam comentários, brincando em relação ao pijama de um, da cueca de fulano que todo mundo tinha visto. Foi um momento de pânico, o horror tinha sido compartilhado por todos, mas eles haviam decidido não fazer disso um drama existencial.

1.4 Do desprezo ao comprometimento militante: Terezinha

A história de Terezinha é muito diferente das que lemos até agora. Até os 18 anos, não tinha tido nenhuma experiência política.[36] Quando conversamos, ela estava com 31 anos e observei que a análise que fazia de sua origem social era fruto de um grande aprendizado político. Terezinha definiu a profissão de seu pai

36 Entrevista com Terezinha, realizada em 30 de julho de 2002.

como operário, apesar de ter trabalhado sempre no meio rural, numa serraria, onde esse termo é pouco utilizado. Segundo ela, essa condição social e a obrigação de realizar um trabalho muito desgastante (para poder nutrir os sete filhos) levou seu pai à morte aos 55 anos, de câncer. O relato de Terezinha mostra uma grande capacidade de reflexão, que contrasta com a pouca escolaridade formal (somente quatro anos de estudos) e uma vida restrita ao mundo rural. Terezinha afirmou que não queria participar da ocupação, apesar da companhia do marido, do seu irmão e da família.

Ela tinha 16 anos quando descobriu os Sem Terra. Imediatamente, sentiu uma aversão àquele povo que chegava ao seu lugarejo. O processo de aceitação de viver num barraco e de integração à identidade Sem Terra foi longo e doloroso.

— Eu nasci, eu me batizei, eu fiz a primeira comunhão, eu me crismei, e eu casei, tudo na mesma igreja! Morei 20 anos nesse lugar! Eu não queria ir (fazer a ocupação). Porque eu sai de uma vida bem diferente, né? Tipo assim: eu trabalhava em casa. Lavava roupa, fazia comida, limpava casa... meu serviço era doméstico! Casei com 18 anos. Movimento Sem Terra... nós nunca tínhamos ouvido falar... Então era novo no lugar onde nós morávamos (...). Quando apareceu as primeiras pessoas do movimento... que era o Ildo[37] e o irmão da Solange.[38] Então lá onde nós morávamos o movimento era muito criticado: "Pessoal do movimento Sem Terra era o bicho, né?"; "Pessoal que roubava a terra dos outros". Um monte de coisa assim. E nós... antes de eu casar, nós também entrava nessa... Tipo assim: quando meu irmão casou, o Tonho[39] foi uma semana que o pessoal tinha entrado nesse lugar... Era o Ildo, o irmão da Solange, e o pessoal ficou acampado no pavilhão

37 Ildo, com sua família, estará na ocupação da fazenda Santa Maria.

38 Solange, descrita anteriormente. Seu irmão, com a família, participou da ocupação da fazenda Santa Maria.

39 Veremos em seguida que Tonho, sua esposa e a família de Terezinha chegaram à fazenda Santa Maria dois meses depois da ocupação.

da igreja, onde ia ter o casamento no sábado. Então o pessoal ficou no pavilhão da igreja! A gente não conhecia aquele povo... aquele povo chegava... e foram invadindo o tanque de lavar roupa, tudo assim... a gente ficou apavorada!... Eu mesma dizia assim pra mãe: "Eu vou levar minha esfregadeira, eu vou levar tudo pra casa! Porque este povo vai chegando e vão... ocupando assim como se fosse dono!" Aí o povo foi chegando e foi invadindo... Usando sem pedir! A gente achou aquilo fora do normal! A gente nunca tinha visto... então a gente falava; "Agora no sábado vai ter o casamento do Tonho... e aquele povo no pavilhão da igreja!" O povo andava só de shorts, assim... era frio lá e o pessoal da serraria acabou apelidando o povo Sem Terra de "Sem Calça", porque eles andavam sempre de shorts, iam jogar bola de pé no chão... eles eram criticados por todo mundo.

Dois anos depois dessa experiência de se sentir invadida pelo *povo* Sem Terra, Terezinha é confrontada com a situação de se tornar ela mesma uma Sem Terra. À época, ela estava casada havia quatro meses, quando seu marido e seus irmãos começaram a participar de reuniões do MST, com o objetivo de organizar a primeira ocupação. Apesar de sentir que deveria acompanhar seu marido, sua decisão não foi automática. Sua mãe era contra a ocupação e, junto com amigos, tentou convencer o casal a mudar de ideia. A mãe também não aceitava o fato de o filho deixar o emprego seguro na serraria para ocupar uma terra.

— Eu lembro que faziam as reuniões na casa do meu sogro... e eu... quantas vezes eu pensei em deixar o Natalino!... Porque eu falava assim "Eu saí... nós éramos pobres, mas tinha casa, tinha comida, era um estilo de vida diferente... Eu vou ir pra baixo de um barraco, que eu nem sei o que é?"... Recém-casada... nova, com 18 anos, com 18 anos é nova ainda, né? Então eu chorava muito... não tinha juízo também, né? Aí eu pensava: "Meu Deus, o que é que nós vamos fazer debaixo de uma lona?"

Num domingo chuvoso, eles ocuparam a fazenda. Terezinha ficou em pânico com a quantidade de gente, a maioria desconhecida. Tudo estava cheio de lama e ela não podia cozinhar no fogão de madeira que tinham levado. Os pedaços de pau estavam encharcados e o fogo era só fumaça. O desespero era tal que ela chorava sem parar, como uma criança. Os homens construíram um barracão para alojar todos os membros da família. Nas semanas seguintes, seu marido construiria um barraco menor no qual iriam viver, além do casal, os dois cunhados de Terezinha durante um ano. Ela contou sobre a dificuldade de dividir esse espaço pequeno, sem privacidade, em que somente cortinas servem de divisórias para o quarto do casal.

Tal equilíbrio precário, contudo, não iria durar muito tempo. Ameaçados de expulsão, as famílias deixaram os barracos e tentaram uma nova ocupação, numa terra próxima. No entanto, seis meses depois voltaram atrás, insatisfeitos com essa outra terra. A cada mudança, nova reconstrução dos barracos. Além disso, as ameaças de expulsão eram frequentes, por isso, as famílias se habituaram a acordar de madrugada todos os dias para estar preparadas a um possível confronto com a polícia. O pior, contudo, era conviver com o boato de que a polícia mataria os Sem Terra.

Terezinha conta que apesar de todo este stress no final do primeiro ano ela já está habituada a esta nova vida. Ao falar do seu barraco podemos sentir o que se orgulhava dele:[40]

— Nós éramos pobres, mas o nosso barraco era muito limpinho e muito bem organizado. O chão era de terra batida, mas eu lavava tanto que ninguém podia dizer que o chão era de terra.

No final do primeiro ano, nasceu o primeiro filho do casal. Eles tinham uma pequena criação de vacas e de frangos e já haviam feito a primeira colheita de cereais. Terezinha estava tão habituada

---

40 Em seguida, o casal construiu um barraco com a madeira da serraria, oferecida pelos amigos que trabalhavam lá.

que já não pensava em mudar de vida. Mas é nesse momento que ela recebe a notícia de que haveria uma nova ocupação na fazenda Santa Maria. Pela segunda vez ela não queria partir. Deixar a vizinhança com a mãe viúva era uma ideia insuportável para ela.

— Nós – meu irmão e eu – quase matamos a mãe!

Seu pai havia morrido recentemente. Terezinha estava de luto e ainda tinha que enfrentar as críticas da mãe e dos amigos da família, que acusavam os dois irmãos de terem matado o pai ao se juntarem aos Sem Terra. Começar tudo outra vez, construir outro barraco... tudo parecia insuportável para ela. Mas não tinha remédio: ela tinha que acompanhar o seu marido. O casal com o bebê e a família do seu irmão chegaram ao acampamento Santa Maria em abril de 1993.

O acampamento existia há dois meses e na primeira noite eles dividiram o barraco com a família de Solange. É importante salientar que Terezinha enumera todos os problemas da viagem até o acampamento de maneira dramática. Podemos sentir um clima de odisseia, um verdadeiro rito de passagem. Ela começou narrando o acidente do marido, que feriu o pé ao cair do caminhão que lhes levava para pegar o ônibus.

— Havia sangue pra todo lado.

Em seguida, contou como as crianças vomitaram durante a viagem toda.[41] Finalmente, contou como foi duro carregar os 20 sacos com a mudança, cada vez que tinham que trocar de ônibus. Além disso, tinha que carregar a caixa com a carne de porco que servia de alimento para toda a viagem.

Mas o mais desagradável foi ter que enfrentar os olhares curiosos da população urbana. Em cada cidade, ao trocar de ônibus,

41 As famílias que tinham feito a ocupação em janeiro de 1993 relataram que essa viagem também foi horrível: adultos e crianças passaram uma noite inteira num caminhão, como animais.

Terezinha sentia o olhar de piedade das pessoas. Um sentimento de grande humilhação, de desvalorização.[42] Sentiu-se "como esses mendigos que fogem para as cidades e que vão viver nas favelas".

As famílias que ocuparam e as que chegaram em seguida à fazenda Santa Maria, fundando a Copavi um ano depois, tinham características socioeconômicas semelhantes. Geralmente eram casais muito jovens[43] e recém-casados. Haviam decidido deixar a casa dos pais ou acampamentos para apostar numa vida incerta. Até então eles tinham uma vida difícil, mas com um mínimo de conforto. Ocupar Santa Maria significava "deixar tudo para trás", aceitar (mais uma vez, para alguns) as condições difíceis de uma vida num barraco. A prova mais difícil foi de ter que trabalhar como boia-fria, condição desprezada pela sociedade.

Essa pesquisa mostra que tais dificuldades marcaram os pioneiros. Nas entrevistas, mencionam uma transformação profunda na personalidade ao atravessar tantos obstáculos. Viver num barraco, enfrentar a polícia e pistoleiros de aluguel provavelmente deu a esses militantes uma força para vencer as dificuldades do quotidiano. De fato, viver a experiência de ter que compartilhar tudo não é fácil. Para muitas pessoas, dividir o espaço, o dinheiro e a comida é uma utopia. Porém, os militantes da Copavi mostraram que isso não é impossível. Para conseguir esse nível de consciência politica, é necessário desenvolver algumas capacidades.

Mas a vida no início do acampamento foi repleta de obstáculos. Vários fatores fizeram desse início de vida coletiva um momento de crise, onde a comunidade é posta à prova. O desafio de cada membro do grupo foi expandir sua consciência, ampliar sua visão de mundo. Sair da lógica individual de "sua família" para sentir as necessidades de cada membro do grupo como suas.

---

42 A humilhação é um sentimento recorrente nas narrativas dos Sem Terra.

43 Em 1993, Seu Chicão estava com 53 anos, Seu Vitinho com 49 anos e Seu João com 58 anos.

Desde o inicio, as famílias organizaram reuniões diárias com todos os membros do acampamento. O objetivo era decidir juntos como seria a organização da vida e do trabalho. As dificuldades eram enormes, pois não tinham comida e nem dinheiro nos primeiros meses. O que transparece muito claramente é que a solidariedade foi a chave do "mundo comum" que se foi constituindo a cada dia.

Tudo começou com o "fiasco" da ocupação. Os responsáveis pela organização das famílias se enganaram de fazenda, ocupando uma fazenda muito menor, vizinha de Santa Maria. Apesar do medo, o proprietário consegue reagir sem violência e indica às famílias onde fica Santa Maria, que seria ocupada no dia 19 janeiro de 1993. Entretanto, os militantes perceberam rapidamente que a fazenda não tinha as características da terra tão sonhada. De fato, o sentimento geral foi de decepção, e para alguns, de desespero. Compreenderam com amargura que a terra era "pura areia"; o clima também era diferente, muito mais quente que na região oeste do Estado. Além disso, no primeiro ano foi impossível cultivar a terra. O usineiro, que alugava a terra do Estado, tinha plantado cana em toda a área cultivável.

Mas nas entrevistas, esses aspectos negativos não pareceram desestimular o grupo. Durante o primeiro ano do acampamento, as reuniões à noite foram diárias e muito animadas. Decidiram ali que as mulheres trabalhariam ao lado dos homens, e que as crianças ficariam a cargo de uma delas, que seria paga pelo trabalho.

Para poder começar o plantio, as famílias precisariam retirar a cana-de-açúcar,[44] trabalho que levaria meses. Por isso, foram obrigados a vender a força de trabalho aos fazendeiros da região,

---

44 O proprietário da usina tinha prometido colher a cana plantada no mês de maio. No entanto, tentando dissuadir as famílias de ficar na terra, não cumpriu o que prometera. Com a ajuda de militantes de todo o Estado, as famílias põem fogo no plantio de cana e começam em seguida a preparar a primeira horta.

como boia-fria. Terezinha conta como foi resistente a esse trabalho, que ela detesta:

— Eu não queria trabalhar como boia-fria! Eu não posso comer comida fria! E eu nunca tinha colhido algodão!

Entretanto, na sua entrevista, Terezinha se mostrou muito orgulhosa: no segundo dia, já tinha superado os homens, ao conseguir colher 120 kg de algodão. Como Terezinha, todos eles faziam esse trabalho com muita dedicação e dinamismo. Assim, o grupo passou a ser conhecido na região pela agilidade e responsabilidade com que conduziam os trabalhos. Em sua entrevista, Valmir disse que muitos fazendeiros começaram a solicitar seus trabalhos, graças à reputação que tinham de serem bom trabalhadores.[45] A oferta de trabalho era tanta que eles começam a poder escolher onde trabalhar. Todavia, esse sinal de reconhecimento dos agricultores foi acompanhado da rejeição de uma parte da população da cidade de Paranacity.

Ao mesmo tempo, outros queriam ajudar, indo até o acampamento para ver como aquelas famílias estavam vivendo. Foi o caso do Dr. João, médico da cidade vizinha, que lhes ofereceu uma vaca. Esse médico já tinha ajudado Natalino, levando-o ao hospital para fazer o curativo no pé machucado, no momento em que chegaram à rodoviária da cidade. Mas o personagem central, o primeiro amigo dos acampados citado nas entrevistas, é o padre Roberto. Roberto acompanhava o grupo todos os dias e decidiu ajudá-los na luta para serem assentados na fazenda Santa Maria. Ele era padre da paróquia de Cruzeiro do Sul, cidade vizinha, mas a distância não impediu que ele organizasse as doações às famílias, muitas vezes na forma de comida.

Nesse contexto, de extrema penúria, eles são provados na capacidade de ser solidários. As decisões são tomadas priorizando o coletivo, mas cada situação é um exercício de fraternidade. Nas

---

45 Filho de Seu Chicão.

reuniões, decidiu-se que todos os recursos das famílias seriam depositados numa caixa comum. Além disso, todos aceitaram compartilhar o dinheiro que haviam começado a receber como boias-frias.

O retorno a uma vida tão precária e a aceitação de viver em barracos durante um ano foi uma prova de humildade para cada um deles. Terezinha relatou uma discussão animada entre as mulheres no momento de lavar roupa. No acampamento, havia somente um lugar para tal fim. Todas as mulheres trabalhavam durante o dia e somente à noite estavam livres para as atividades pessoais. Também só havia dois banheiros improvisados, e um chuveiro, portanto, formava-se uma fila na hora do banho.

Várias famílias dividiam o mesmo barraco. Esses detalhes dão uma ideia do que tiveram que passar os pioneiros. A vontade de conquistar a terra, de construir a cooperativa, pode explicar como aguentaram tanto sacrifício. O maior desafio seria o estabelecimento das regras, aceitas por todos e necessárias no cotidiano, ou seja: aprender a viver no coletivo.

1.5 Construir regras para criar laços duradouros

No dia 10 julho de 1993, após seis meses de reuniões diárias, as famílias fundam a Cooperativa de Produção Agropecuária Vitória (Copavi). O regulamento interno foi votado em Assembleia Geral no dia 16 de outubro de 1993. Nos anos posteriores, ele sofreria duas modificações (27 de abril de 2000 e 28 de março de 2002), fato que evidenciou o interesse do grupo em respeitar as regras e a flexibilidade para mudá-las quando já não são adequadas.

As regras estipulam que a Copavi é ligada à Confederação das Cooperativas da reforma agrária do Brasil – Concrab,[46] através da Cooperativa Central da Reforma Agrária do Paraná (CCA/PR).

---

46 Fundada em 1992, a Concrab é responsável pela organização da produção das Cooperativas Centrais de Produção Agrícola (CCAs).

Neste sentido, a Copavi e o seu regulamento fazem parte do plano e dos projetos do Sistema Cooperativo dos Assentados (SCA). Além disso, a Copavi segue as orientações políticas e ideológicas do MST. Os resultados econômicos e sociais positivos da cooperativa servem de exemplo mostrando que, na prática, a reforma agrária é possível.

No regulamento está muito claro: tudo o que existe na fazenda (terra, animais, ferramentas e máquinas) é propriedade de todos os sócios.[47] Nada pode ser consumido, doado, vendido por um sócio sem o prévio acordo do grupo na Assembleia Geral. Os 32 militantes[48] devem decidir coletivamente como vão realizar a produção, a comercialização, o consumo dos produtos. Também criam o conjunto das regras de vida neste coletivo.

Nesse sentido, decidiram que todo o trabalho deveria ser coletivo, e que as mulheres e os homens deviam ter os mesmos direitos na cooperativa. Um refeitório foi instalado próximo aos locais de trabalho, onde, de segunda à sexta-feira, as famílias almoçam juntas.[49] Nesse setor, duas pessoas trabalhavam para fornecer em torno de 60 refeições diárias. Durante o dia, as crianças (até cinco anos) iam a creche de Paranacity. Um sócio assumia o transporte coletivo, com um dos carros da Copavi. Graças ao refeitório coletivo e a assistência às crianças, todas as mulheres podiam se dedicar ao conjunto das atividades da cooperativa em pé de igualdade com os homens.

Todos os sócios tinham a possibilidade de escolher sua atividade ou setor de trabalho (o que podia mudar com o tempo).[50] As

---

47 Regulamento da Copavi.

48 Em 1999, oito sócios deixaram a Copavi. Em 2002, havia 31 sócios (69 pessoas no total).

49 Algumas famílias também tomavam o café da manhã juntas. Sobre algumas mudanças de regras, ver o capítulo II.

50 A Copavi está organizada em setores e atividades: setor da agroindústria (leite e derivados, cana-de-açúcar e derivados, frutas e derivados); setor comercial,

regras estipulavam que, durante o horário de trabalho, "ninguém pode ficar em casa", trabalhando em algo privado.[51] Cada setor produtivo deveria ter um coordenador, que será responsável por anotar, diariamente, as horas trabalhadas por cada sócio (contabilizadas no final do mês). O salário era calculado segundo as horas efetuadas, tendo o mesmo valor, independentemente da atividade. Os filhos dos sócios (maiores de 14 anos) e com prévia autorização dos pais, poderiam trabalhar na Copavi, desde que esse trabalho não prejudicasse seus estudos.[52]

Foram criados três espaços de discussão e de deliberação, para que os problemas de cada sócio ficassem mais visíveis para o conjunto dos sócios. As discussões iniciavam-se nos núcleos de base, compostos por um coordenador, eleito por três meses.[53] No início, foram criados quatro núcleos de base com as famílias que moravam na mesma rua. Atualmente, há somente dois núcleos. Os membros da cooperativa deram a cada núcleo o nome de um líder "que tombou na luta".[54]

O Conselho Deliberativo, eleito por dois anos (com direito a reeleição), tem como função aprofundar o debate iniciado nos núcleos de base, com reuniões semanais. É composto pelo Presidente, vice-Presidente, secretário, tesoureiro, vice-tesoureiro, os coordenadores dos núcleos de base e os coordenadores dos setores e das atividades da Copavi. Todas as questões são levadas à Assembleia

setor de apoio (contabilidade, administração, pessoal à disposição do MST); setor agrícola (horticultura).

51 Cada sócio deve realizar, no mínimo, 176 horas por mês (44 horas semanais).

52 Entre 14 e 17 anos, recebem 65% e, entre 17 e 18 anos, 80% do valor pago aos adultos.

53 Com reuniões quinzenais, são suas funções: fazer propostas para que a Copavi se desenvolva, discutir questões políticas da Copavi e do MST, debater as questões oriundas do Conselho de Deliberação ou da Assembleia Geral, avaliar e discutir as contas antes de sua aprovação e eleger o seu coordenador.

54 O núcleo de Ademar foi batizado com seu nome. Esse sócio faleceu num acidente de trabalho, ao cair do teto do refeitório que estava consertando.

Geral, com reuniões mensais; é ela que elege o Conselho Deliberativo e o Conselho Fiscal (composto de três membros efetivos e três suplentes). É nessa mesma assembleia que se decide pela admissão de novos sócios ou pela eventual exclusão de algum deles.

À época, foi decidido que as casas dos sócios seriam construídas segundo uma lógica urbana e que cada família poderia dispor de um terreno de 450 m^2. As casas deveriam estar a uma distância de 500 metros das áreas de trabalho. Atualmente, podemos ver as casas alinhadas ao longo de quatro ruas,[55] e os sócios vivendo como vizinhos. É o sistema das agrovilas proposto pelo MST.[56] Além da agrovila, todos os espaços comuns da Copavi deveriam estar limpos e ordenados. A bandeira do MST deveria estar na secretaria da Copavi, além de cartazes políticos que retratam a luta do MST. Na agrovila, foi possível ver a bandeira do MST em todas as casas, mas isso não faz parte do regulamento. Terezinha me mostrou que na sua casa (que acabava de ser construída em 2002), a bandeira enfeitava o quarto do casal. Ao lado das casas, construíram um lugar de lazer, com jogos para as crianças e um campo de futebol. Assim, a ocupação do espaço seguiu a lógica da vida num coletivo, com casas muito parecidas, todas muito simples e favorecendo os encontros entre vizinhos.

1.6 A Copavi e o MST: uma fraternidade entre militantes

Um dos objetivos da Copavi é "ser uma organização social de reivindicação e de luta em favor da reforma agrária".[57] Para que

---

55 As casas estão próximas à entrada do assentamento; em cada rua há em torno de seis casas.

56 "A agrovila é um elemento de coesão importante para o desenvolvimento social da comunidade" (STEDILE, João Pedro; FERNANDES, Bernardo Mançano. *Brava gente*: a trajetória do MST e a luta pela terra no Brasil. São Paulo: Fundação Perseu Abramo, 1999, p. 100).

57 Regulamento da Copavi.

a reforma agrária seja um objetivo sempre vivo nas consciências, a cooperativa organiza a escolinha, ou seja, cursos de formação política para os filhos dos sócios. Ao mesmo tempo que esses cursos visam despertar o interesse dos jovens para o valor de uma vida no campo, também buscam conduzir os jovens para sua missão de líderes do MST.

No período das entrevistas, a Copavi havia liberado alguns sócios para que os mesmos pudessem organizar as famílias da região, que estavam vivendo em condições de pobreza e miséria.[58] Seu Chicão tinha a responsabilidade de organizar reuniões e de preparar as ocupações de terra. Foi dessa maneira pacífica que o MST passou a existir como movimento e conseguiu agregar novos militantes. Geralmente, é por meio de uma ocupação (ou acampamento) que um indivíduo entra no MST.[59] Nessa atividade, os quadros do MST vão tornar visível a *cultura política* do movimento. Ou seja, nas ocupações de terra, os indivíduos são convidados a se converter à luta e a compreender o que significa ser um Sem Terra. De fato, a identidade de Sem Terra está sempre sendo testada; se tal identidade consegue resistir e persistir ao longo do tempo, isso não se faz de maneira automática. As lideranças têm uma preocupação: *agir de uma forma muito precisa*. Terão muita cautela na ação, momento em que tornam visível a si mesmos e aos recém-chegados a cultura política do MST, feita de ações fraternas e solidárias. Essa cultura tem origem nas antigas práticas religiosas, próprias da área rural brasileira, e nas ideias da Teologia da Liberação, desenvolvidas nas Comunidades Eclesiásticas de Base (CEBs) e nas Comissões Pastorais da Terra (CPTs). Também nutrem essa cultura os ideais socialistas, o personalismo cristão, as ideias de

58 A Copavi doa 1% de seu lucro bruto ao fundo de apoio à reforma agrária. Isso se realiza através da Associação Nacional de Cooperação Agrícola (Anca).

59 Três famílias chegaram à Copavi em 2000 sem nunca ter vivido a experiência de ocupação. Como sócios, solicita-se que participem de ocupações de terra para ajudar outros possíveis militantes. É o caso de Alex, que participa da ocupação descrita a seguir.

Paulo Freire, o legado de Che Guevara e o cooperativismo.[60] O que importa aqui é verificar que há um conjunto de valores que serão desenvolvidos e praticados no quotidiano dos acampamentos e assentamentos. É graças à prática constante desses valores que os indivíduos se abrem para uma nova realidade e sentem vontade de se tornar membros do MST e, em alguns casos, serem lideranças.

Para compreender como essa "fraternidade" nasceu e se perpetua no coração dos militantes do MST, é preciso analisar o processo de "entrada", que é a ocupação de terra. Ocupar uma terra aparece como o fato mais importante nas nossas entrevistas. Pode-se levantar a hipótese de que a participação dos indivíduos nas ocupações deixa marcas profundas nas suas identidades. Ao mesmo tempo, as ocupações são uma prova para os quadros do MST. Nelas, eles poderão mostrar *do que são capazes* para que a terra seja uma realidade para todos. Nesse momento decisivo e de grande perigo, eles são convidados a tornar visível o seu nível de comprometimento e de solidariedade com os que acabam de chegar.

Como se realiza uma ocupação? Quem organiza e dá o tom "pacífico" a esse evento, ao mesmo tempo que dá a coragem de "entrar" na terra? Como as regras são postas em prática? Tento responder a essas perguntas a seguir, analisando a ocupação do dia 5 de agosto de 2003, não muito longe de Paranacity.

---

60 Por uma análise aprofundada da cultura política do MST, ver BLEIL, Susana. *Vie et luttes des Sans Terre au sud du Brésil*. Une occupation au Paraná. Paris: Karthala, 2012, pp. 243-284.

Relato de uma experiência pessoal de ocupação: 05/08/2003

Os últimos preparativos

Dia 4 de agosto: Reunião do Conselho de Direção da Copavi. Seu Chicão diz ao grupo:

— Nós vamos precisar de dois voluntários para a festa!

O grupo compreende que se trata da ocupação do dia seguinte (o segredo é tal que a palavra ocupação não é utilizada). Na hora do almoço, Seu Chicão me diz que ele gostaria que eu viesse, para tirar fotos (mas isso não fica claro, e até a noite eu não sei se, de fato, estou convidada. Alguns dias depois eu soube que minha participação foi objeto de uma reunião, em que pelo voto, foram favoráveis à minha participação). De toda forma, me sinto eufórica com a perspectiva de ocupar uma fazenda em algumas horas. Sinto uma sensação estranha de querer participar a todo custo. De repente o termo "festa" parece definir bem o acontecimento.

Descrição da viagem

Dia 5 de agosto: são cinco horas da manhã e ainda não amanheceu. Chove torrencialmente. Seu Chicão bate na porta e eu me apronto rapidamente. Sinto que chegou a hora. Sinto um peso no estômago. Só agora compreendi que posso morrer. A partir desse momento, me deixo levar, sem querer controlar a situação, numa atitude de abandono. Sinto que preciso acreditar no Seu Chicão e me deixar levar como se fosse uma malinha. Como chove muito, decido não levar a filmadora. Mas quando entro no carro Seu Chicão, me pergunta:

— Pegou a filmadora?

Vejo que ele fica um pouco decepcionado. Ele queria filmar esse acontecimento, mas respondo que estou com a máquina fotográfica. No total, somos quatro pessoas no carro. A musica está tão alta que não podemos conversar. A fita cassete é de música "gauchesca", tradicional da região Sul. Mistura de amor traído e saudade da mulher que partiu. Nossa viagem adquire esse clima sentimental e passional característico das relações amorosas com final infeliz. O carro vai rápido, apesar da chuva. Percebo que Seu Chicão passou a noite em claro. Ele teve que passar em todos os acampamentos da região (Barra, Uniflor, Santo Inácio, Dora Lúcia) para se assegurar de que os voluntários estavam prontos para partir fazer a ocupação.

Esperar o momento de ocupar

Chegamos ao assentamento Mão de Deus, do MST. Compartilhamos com muitos militantes a casa principal, antiga sede da fazenda com o mesmo nome. Esse assentamento é fruto de uma antiga ocupação. As condições para fazer a ocupação são ótimas: por um lado, todos sabem que aquele lugar é pleno de história, fruto da luta do MST; por outro lado, a terra a ser ocupada está muito perto, faz divisa com o assentamento. Reconheço os dois voluntários da Copavi: Alex, 19 anos, e Seu Vitinho, 65 anos. Também reconheço Tata e seu marido, Mauro, que eu tinha conhecido no acampamento de Uniflor alguns dias antes. Constato que Alex fica surpreso de me ver ali. É a primeira ocupação dele, e estou ali como testemunha da sua experiência, e não mais como a pesquisadora que fazia perguntas. De fato, sou aceita porque cheguei com Seu Chicão.

Vejo que o grupo no interior da casa é de uns vinte homens e somente quatro mulheres. Estamos todos juntos, na cozinha, de pé, conversando. O clima é amistoso. Muitas piadas, o riso é fácil. O chimarrão passa de mão em mão. Alguém começa a fazer um café. Tenho a sensação de que o grupo não quer se separar. Apesar de a cozinha ser minúscula, todos querem estar ali, em vez de ir se sentar na grande sala ao lado. Fico imaginando que deve ser o instinto de preservação. Me pergunto: "Antes do estresse de fazer a ocupação, preferem ficar juntos?" Alguns falam da chuva, outros dos militantes que não puderam vir. Estes últimos, segundo eles, estão tristes de faltar ao evento. De repente, um jovem começa a falar alto, quase gritando, lamentando-se da sua dor de garganta. Ele teria engolido um espinho de peixe. Percebo que seu comportamento é muito estranho. Ele fala muito rápido e parece querer tirar o espinho com a ajuda de uma faca. Pede ajuda a alguns amigos. Ele chama a atenção de todos. Fico me perguntando se, por trás daquela maneira de agir, não estaria o pânico diante da possibilidade de morrer na ocupação. Quanto a mim, sinto um nível de estresse além do normal, meu corpo está completamente tenso.

Vivendo a ocupação

Saímos da casa e vejo carros de todos os tipos e tamanhos que começam a chegar. Podemos ver bandeiras e bonés do MST em todos os cantos. Como está chovendo muito, Seu Chicão e outros quadros começam reunir o grupo embaixo de uma árvore gigante. Não consigo contar, mas vejo que somos mais de 150 pessoas, todos encharcados. Chicão diz:

— Tem um grupo que vai estar na frente. É necessário ficar todo mundo junto.

De repente, alguns homens começam a avançar até a divisa da fazenda que será ocupada. Alguns homens gritam:

— Vamos lá! Rápido! Avancem! Vamos lá!

Todo mundo sai correndo. Alguns já passam o arame farpado. Me vejo face ao arame farpado e é então que escuto os tiros vindos da fazenda. Muitos tiros. Fico ali, congelada, sem poder dar mais um passo. Sinto o terror diante da possibilidade de morrer com um tiro. Sinto que estou fazendo algo errado. Que não estou respeitando o direito de propriedade privada. De repente, reconheço Tata. Ela se aproxima de mim, quer me ajudar. Me diz:

— Tá com medo? Venha, pegue na minha mão, vamos juntas!

É inútil. Fico ali pregada ao chão. Tata decide ir sozinha e sai correndo. Tudo é muito rápido! E de repente um grande silêncio. Me sinto sozinha e desprotegida. Dou meia volta e tiro fotos de quatro ônibus com mulheres, crianças e bebês. Levam os mantimentos: comida e roupas. Sou uma estranha para essas pessoas. Sinto que desconfiam de mim. Tenho receio que pensem que sou uma jornalista e queiram pegar minha máquina fotográfica. O silêncio é cortado pelo motor dos ônibus, que começam entrar pela entrada principal da fazenda. Entro também por ali, de carro, com um militante. Tudo indica que a fazenda foi ocupada pelo MST.

É importante analisar como uma ação tão perigosa acaba dando certo. Inicialmente, a presença de Seu Chicão é fundamental nessa ocupação. A ação foi organizada e dirigida por um homem que já havia conquistado uma terra. Seu Chicão e os outros quadros (da equipe de coordenação) foram capazes de ir na frente de todo mundo. Essa equipe tem um apelido: são chamados de “anjinhos”. Os anjinhos são os quadros do MST que têm uma larga experiência de ocupações e, como já foram contemplados com um lote num assentamento, agora estão agindo pelo bem dos outros. Assim, o seu objetivo nessa ação não foi pessoal. Além disso, podemos pensar que a ação teve um resultado positivo, porque Seu Chicão e seus companheiros dão *o seu* exemplo aos indivíduos que ainda não conhecem o MST e que estão participando pela primeira vez.

Ao ver que os militantes estão se sacrificando, enfrentando o perigo, os novos começam a confiar na força do grupo e passam a se comprometer também. Para os recém-chegados ao MST, a instituição, desencarnada até então, passa a tomar a forma e o rosto de algumas pessoas: Seu Chicão e a equipe dos anjinhos. Uma ação que reúne mais de duzentas pessoas sempre terá seus riscos. Dessa forma, cada ocupação acaba sendo uma prova para os quadros movimento. Seu Chicão, no dia seguinte à ocupação, me falou do seu sentimento de angústia diante do risco de a ação terminar mal:

— Eu gritava bem alto... Eu dizia aos outros [que vinham na frente com ele] “nada de violência, muito cuidado com os empregados da fazenda!”

Chicão parecia temer a intenção de alguns novatos que, por sentir a força do grupo, podiam querer se vingar dos empregados. De fato, é comum aos quadros ter consciência de sua responsabilidade na sobrevida do movimento. Pedro, um dos “anjinhos” dessa ocupação, tem em mente que ele não é mais um individuo isolado. Ele incarna o movimento em si mesmo:

— Nós costumamos dizer assim: “O coordenador é o espelho! Você todo dia de manhã quando levanta, você olha no espelho pra ver o cabelo como é que tá, né? E o coordenador é o exemplo, o espelho das famílias... se o coordenador errar, as famílias vão, automaticamente, errar também, né? Então não teria como, né? Você cometer uma infração, cometer um erro, né? Que exemplo você ia dar pras demais famílias?"[61]

Esse militante mostra que suas ações são orientadas por um objetivo. Ele leva em conta as consequências que suas ações possam ter junto aos jovens militantes, isto é, na "base". De seu testemunho, pode-se concluir que ele não atua como um chefe que exigirá que todo mundo atue de maneira semelhante à sua. Ao contrário, Pedro parece convencido de que o comprometimento político é fruto de um longo processo, leva tempo. Parte de sua atividade de participação e de formação política é a auto-observação, procurando uma coerência entre o que diz e faz na prática diária.

O objetivo da Copavi vai muito além de dar trabalho e vida digna as famílias. Esta empresa agrícola também deve ajudar o MST a existir como movimento social. A Copavi tem um papel político: formar militantes capazes de organizar novas ocupações, que por sua vez poderão encontrar famílias dispostas a entrar no MST. De fato, a mensagem prática da cooperativa é de mostrar que "lutar unidos" e "ocupar terras improdutivas" é uma maneira de conseguir sobreviver no meio rural, longe do tráfico de drogas e da violência das periferias urbanas e contando com a confiança e a fraternidade dos companheiros.

A cooperativa foi fundada com regras precisas, e há três instâncias em que os sócios podem se expressar livremente. Porém, sabemos que as regras existem para organizar a vida, de maneira muito geral. Veremos no próximo capítulo como essas regras são usadas e podem ser flexibilizadas nas situações marcadas pela tensão entre as necessidades privadas e o interesse

61 Entrevista com Pedro, realizada em 4 de agosto de 2003.

geral. Ou seja, examinaremos agora como trabalham os militantes, que capacidades desenvolvem para que a ordem social possa subsistir no universo da Copavi e quais são as interações que tornam este mundo possível.

CAPÍTULO II

AÇÃO MILITANTE: TORNAR-SE UMA FAMÍLIA POLÍTICA

> No início a gente achava que era bem mais fácil de morar aqui. Sendo sócio da Copavi (...). Mas a gente não tinha experiência, ainda não tem... tá começando a pegar agora! (...) Mas, à medida que o tempo passa, a gente vê que não é tão fácil (a vida no coletivo). Pelo sentido político. É uma empresa com uma ideologia diferente... das empresas privadas. Porque a gente não tinha nada na cabeça, agora está sendo mais fácil porque a gente tá pegando o espírito da coisa e tal. E cada vez mais a gente vê um futuro melhor aqui! (...) Não tem nem como comparar. Se eu voltar atrás e comparar... minha vida hoje com a vida lá na cidade de Cascavel. A gente era pobre. Morava lá num bairro, no fundo... fim de cidade. O casal saía pra trabalhar, os filhos ficavam lá... em contato com o pessoal da rua, tinha moleque de todo jeito... muita droga por lá solta. Briga. O que é normal das periferias das cidades. Aqui eu vejo o lado da família, principal. Os filhos estudando e tal.[62]

---

62 Entrevista com Afonso, realizada em 20 de setembro de 2001.

Diante das dificuldades estruturais, os seres humanos têm uma margem de liberdade e podem desenvolver uma capacidade de ação. A sociedade existe porque ações de reciprocidade entre indivíduos existem. Os indivíduos atuam motivados por determinadas pulsões, ou em busca de certos fins. O sociólogo G. Simmel classifica tais pulsões como eróticas, religiosas ou, simplesmente, de convívio. Segundo ele, os fins podem ser a defesa ou o ataque, o jogo ou a aquisição de bens, a ajuda ou o ensino. A socialização, laço social entre os indivíduos, é inconstante. Esse laço é costurado, desfeito e costurado outra vez mais. Os indivíduos também sofrem transformações, de acordo com as interações que experimentam. Nessa lógica, as situações históricas e sociais e as identidades não são fixas, pelo contrário: constroem-se de forma interativa. A partir dessa interação, visões de mundo e aspirações individuais são forjadas dinamicamente. Dito de outro modo, todo significado é ao mesmo tempo culturalmente criado e mediado. Assim, todas as interpretações ou perspectivas individuais nascem em comunidades, nas quais o sentimento de "estar juntos" pode emergir e difundir-se graças ao fato de que seus membros, sentindo-se em igualdade, permitem-se agir de forma solidária. Olivier Abel ressalta que, se a consciência operária do último século se forjou nos conflitos trabalhistas, os sentimentos de semelhança e de proximidade dos modos de vida dos trabalhadores foi imperativo para identificá-los de maneira outra que por sua origem (província, comunidade, etc.).[63] É mais fácil construir uma identidade quando parece evidente, aos membros de uma determinada comunidade, que eles se opõem juntos a outros mundos sociais, regidos por regras e valores diferentes, ou até mesmo antagônicos, aos seus. Para compreender a lógica na base de uma sociedade, é necessário examinar os *processos moleculares microscópicos* que unem as pessoas umas às outras.[64] Como escreve G. Simmel, devemos "detectar em cada detalhe da vida o significado

63 ABEL, Olivier. "Habiter la cité". *Autres temps – Cahiers d'éthique sociale et politique*, Lyon, nº 46, 1995, p. 37.

64 SIMMEL, George. "Le problème de la sociologie". *In*: ______. *Sociologies*: Études sur les formes de la socialisation. Paris: PUF, 1999, p. 43.

global dela".[65] Em outras palavras, sob essa perspectiva, "nada é trivial, pois tudo está conectado e ligado ao essencial".[66] Mas a "associação" (*Vergesellschaftung*) entre os indivíduos não se constitui apenas no processo de interações microssociológicas; para que uma associação possa existir, é necessário, ainda, que os indivíduos, ao interagirem,

> alguns a favor e contra outros, formem de alguma forma uma "unidade", uma "sociedade", e tenham consciência disso. O indivíduo deve saber que, ao agir com os outros, determina as suas ações tanto quanto é determinado por elas, e deve estar consciente de formar com eles uma unidade de ordem social.[67]

A sociedade que se constrói no interior da Copavi não está separada da sociedade formada pelo Movimento dos Trabalhadores Rurais Sem Terra. Ela nasceu no interior do Movimento e faz parte de seu *mundo social*. Mas, para que possa encarnar esse mundo, os militantes devem agir conforme os ideais e valores do MST. A ideia dos *mundos sociais* não se refere apenas a universos de discurso:

> Devemos ter o cuidado de não nos confinarmos à simples observação das formas de comunicação, de simbolização, dos universos de discurso, mas devemos também examinar fatos palpáveis, tais como atividades, pertencimentos, locais, tecnologias e organizações específicas, para mundos sociais específicos.[68]

---

65 SIMMEL, George. "Le problème de la sociologie". *In*: ______. *Sociologies*: Études sur les formes de la socialisation. Paris: PUF, 1999, p. 16.

66 VANDENBERGHE, Frédéric. "Georg Simmel". *In*: ______. *Une histoire critique de la sociologie allemande*: aliénation et réification. Tomo 1. col. Bibliothèque du Mauss. Paris: La Découverte, 1997, p. 113.

67 VANDENBERGHE, Frédéric. "Georg Simmel". *In*: ______. *Une histoire critique de la sociologie allemande*: aliénation et réification. Tomo 1. col. Bibliothèque du Mauss. Paris: La Découverte, 1997, p. 127.

68 STRAUSS, Anselm. "Une perspective en termes de Monde Social". *In*: ______. *La trame de la négociation*: sociologie qualitative et interactionnisme. Paris: L'Harmattan, 1992, p. 272.

O método sociológico proposto por G. Simmel[69] pode revelar-se útil para interpretarmos como as famílias conseguem viver e agir conjuntamente numa cooperativa coletiva do MST. Nessa abordagem, cada objeto sociológico possui uma *forma* e um *conteúdo*, cujas características o sociólogo busca identificar. Todos os espaços, organizações e associações que reúnem indivíduos e permitem que eles troquem entre si são uma forma sociológica: um hospital, uma escola, uma indústria. No interior dessas estruturas, existe uma espécie de "atmosfera" que modela as interações entre indivíduos, "materiais vivos que preenchem as formas e as motivações psíquicas que os impulsionam".[70] Esse sentimento, que une ou divide o grupo, não pode ser compreendido a partir de fora. Para realmente entender as pulsões e as motivações individuais que suscitaram a reunião de indivíduos em determinado local, devemos experimentá-las, seja vivenciando-a presencialmente, ou estudando-a de maneira sistemática.

No que diz respeito à Copavi, a cooperativa foi a *forma* de socialização escolhida como mais adequada para esse "estar juntos". Essa cooperativa organiza o trabalho e a vida das famílias e convoca cada um de seus membros a realizar atividades recíprocas. As famílias se reuniram para pertencer à cooperativa, para ali trabalhar e viver. O *conteúdo*, as pulsões que tornam a vida possível no interior desse universo, aquilo que motiva os indivíduos a permanecerem ali, correspondem à maneira como os indivíduos conduzem as interações entre si e seus interesses comuns. A cooperativa é, portanto, um "micromundo social", com fronteiras estreitas e bem demarcadas. Nossa pesquisa verificou que a fraternidade é o sentimento (o *conteúdo*) que atravessa e orienta, com

---

69 SIMMEL, George. "Le problème de la sociologie". *In*: ______. *Sociologies*: Études sur les formes de la socialisation. Paris: PUF, 1999, p. 44.

70 VANDENBERGHE, Frédéric. "Georg Simmel". *In*: ______. *Une histoire critique de la sociologie allemande*: aliénation et réification, tomo 1, col. Bibliothèque du Mauss. Paris: La Découverte, 1997, p. 126.

mais frequência, as interações sociais na Copavi. Nesta pesquisa, o objetivo central é de compreender como e de que forma os sócios da cooperativa são levados a tomar consciência de que essa é "sua família", e como isso é possível apesar das crises, normais em todas as relações humanas. O militante bem-sucedido deve conceber seus companheiros como irmãos, e agir em relação a eles como tal, ou seja, deve "dar o exemplo" para motivar os demais. Mais ainda, ele deve amar seus irmãos para que eles permaneçam nessa família.

Além disso, a união das famílias geralmente é fundada sobre um ideal comum, o cimento simbólico ao qual os ativistas se referem com frequência: essas famílias estão juntas para mostrar à sociedade capitalista que uma sociedade coletiva sob outros moldes é possível. Pode-se verificar também que, quanto mais os indivíduos acreditam em uma sociedade alternativa, mais eles se engajam na vida e nos trabalhos da cooperativa. Para alguns quadros do Movimento, essa crença lhes permite conduzir uma vida de sacrifícios cuja devoção não está muito longe daquela vivenciada nos mosteiros. Essa análise permite compreender o *tipo ideal* de engajamento de um militante Sem Terra: o engajamento é produto de uma convicção intima, até mesmo de uma conversão. O sentimento que o acompanha é o de gratidão, de reconhecimento pelo Movimento. O "bom" militante deve procurar orientar suas ações, evitando a crítica e a exigência do engajamento alheio. Como no universo religioso, o engajamento não é fruto de uma pressão externa ou sob a forma de uma crítica de comportamentos. Quem se engaja o faz porque está convencido de que deve se engajar pelo "bem de todos". Os militantes têm de compreender que a ação correta é aquela baseada na devoção e no compromisso com o Movimento. Esse sentimento orienta verticalmente a solidariedade dos ativistas em direção ao MST, mas também irradia horizontalmente para todos os "companheiros", aos quais os militantes devem demonstrar uma amizade tamanha, ao ponto de inclui-los em suas famílias. Uma das principais características dos Sem Terra é a própria definição de companheiro: um indivíduo que pode ou não estar engajado no Movimento. Dessa forma, são companheiros aqueles que assumem responsabilidades dentro do MST, mas também aqueles que, eventualmente, podem entrar no MST. A complexidade tem origem no fato de que os membros do Movimento estão convencidos de que todo indivíduo pode, mais cedo ou mais tarde, tornar-se membro do MST. O gesto fraterno deve ser oferecido a todos, mesmo àqueles que se opõem à luta social.

Mas nem todos são capazes de se doar e de se engajar nas atividades da Copavi. Para que o indivíduo encontre um sentido em "doar" e em "doar-se", ele precisa "entrar no MST"[71] e adotar a identidade Sem Terra. Essa entrada no "mundo do MST" pressupõe viver nas comunidades e incorporar valores como a fraternidade, a responsabilidade e o trabalho bem-feito. Os indivíduos da "família Copavi" cultivam sentimentos como a solidariedade quando começam a tomar consciência de seu pertencimento a uma classe social, aquela das vítimas do sistema capitalista: "Nós, os pobres... Nós, que sofremos". Entrar no MST representa, assim, um corte na biografia dos militantes, uma "vida nova", que pressupõe abandonar uma identidade individualista e abraçar uma identidade coletiva, que tem por base a crença de que a sociedade capitalista *é injusta*. Entretanto, muitos ativistas descrevem a dificuldade de viver tal experiência de cooperação. Essa motivação para engajar-se "com outro mundo" não é natural, mas sim fruto de um *trabalho de formação política* duradouro e constante.

2.1 Decidir entrar numa segunda família

A história da família Stronzake, uma das pioneiras da Copavi, é exemplar para compreendermos esse tipo de devoção.[72] O

---

71 Veremos neste capítulo o exemplo de casais que partiram por não sentir que tinham "entrado" no MST.

72 Os antepassados de Seu Chicão são poloneses, chegando ao Brasil no início do século XX. Como muitos europeus, fixam-se na área rural do Rio

pai, Francisco Stronzake – Seu Chicão –, e alguns de seus filhos fazem parte da ocupação da fazenda Santa Maria. Inicialmente, alguns detalhes sobre a vida de Seu Chicão são relevantes. Pequeno proprietário, ele e sua esposa viviam da própria produção agrícola, no Rio Grande do Sul. O casal decidiu imigrar para o Paraná, onde comprou uma terra. Mas, devido a dívidas bancárias e más colheitas, o casal foi obrigado a deixar a zona rural e instalar-se em Guaíra, com seus oito filhos. Chicão realizou diversos bicos, até tornar-se boia-fria com os filhos mais velhos. Vindos de uma família católica praticante, ele e os filhos eram muito próximos dos padres franciscanos da sua paróquia, onde a filha mais velha trabalhava como secretária.

Chicão conta uma história que, segundo ele, ajudou a selar uma verdadeira amizade entre a família e os padres franciscanos. Um dia, perto de casa, sua filha encontrou uma mala abandonada e Chicão pediu aos padres que anunciasse o ocorrido durante a missa de domingo. Então, um jovem homem foi vê-lo, e descreveu exatamente os objetos da mala. Seu Chicão confirmou que se tratava do proprietário e lhe devolveu a mala, junto a uma importante soma de dinheiro que ela continha. Em um contexto marcado pela miséria, tal gesto foi notado pelos franciscanos, que começaram, de sua parte, a ajudar cada vez mais a família. De fato, durante aquele período, os padres faziam um trabalho de organização das famílias da região para que elas pudessem agir e sair da miséria. E foi então, a partir de encontros organizados pelos padres no centro paroquial, que Seu Chicão começou a conhecer o MST e *decidiu* realizar sua primeira ocupação de terra:

— Eu não tinha outra escolha... chegou uma hora que era roubar ou morrer de fome.

Grande do Sul. Nascido em 1° de setembro de 1940, Seu Chicão teve um papel preponderante na organização e no desenvolvimento da Copavi.

Essa experiência representou uma virada em sua vida. No caminhão, 17 famílias empoleiravam-se na carroceria.[73] Os padres franciscanos estavam num pequeno carro que viajavam à noite, em frente ao caminhão, para identificar e sinalizar a eventual presença da política. Àquela época, o MST, que acabara de nascer, ainda não ocupava fazendas. A família de Chicão e os demais permaneceram por quatro meses, o tempo de ser expulsos, num acampamento sobre o terreno às margens de uma estrada vizinha à fazenda onde eles lutavam pelo direito de viver. Em seguida, em 1985, Seu Chicão participou do 1º Congresso do MST, em Curitiba, e tornou-se um quadro, responsável pela organização de ocupações de terra na sua região. Ele e sua família participaram de uma segunda ocupação de terra, e permaneceram doze meses em condições bastante difíceis.

Em 1986, Chicão, sua esposa e os cinco filhos mais jovens foram escolhidos para participar de uma grande operação midiática do MST – um acampamento gigante, no centro da capital paranaense, Curitiba. Ali, eles viveram com 200 pessoas, por nove meses, em frente à sede do Governo do Estado. A mobilização chamou a atenção dos meios de comunicação mais importantes do país e o debate sobre a reforma agrária angariou o apoio de quem lutava pela democracia, no contexto dos últimos meses da ditadura militar no Brasil. Foi assim que a luta do MST recebeu o apoio de diversos intelectuais e de parte importante da Igreja.[74] O resultado dessa mobilização foi positivo e, graças à repercussão

73 Seu Chicão foi sozinho, sua família não pôde participar dessa primeira ocupação porque não havia mais espaço no caminhão.

74 Algumas igrejas abriam seu espaço para os acampados. Com 11 anos, Valmir, um dos filhos de Seu Chicão, era frequentemente convidado para as "conferências mirins" sobre a vida nos acampamentos. Ele relata guardar na memória a comida gostosa que recebiam nestas ocasiões, após a celebração da missa. Essas e as outras informações sobre a família de Valmir foram coletadas na entrevista realizada em 22 de julho de 2002.

midiática da questão dos Sem Terra, o Estado concedeu às famílias o direito de fixar-se em algumas terras improdutivas.

Nessa época, a família Stronzake decidiu participar da ocupação de uma fazenda em Imbauzinho, a cerca de 25 quilômetros da cidade de Ortigueira. A esposa de Chicão não quis ir e o casal se separou. Chicão e os cinco filhos mais jovens viveriam nesse assentamento durante quase seis anos, em condições dificílimas. Chicão e seu filho Valmir contam que eles precisaram ocupar a prefeitura de Ortigueira durante quatro dias, para pressionar o prefeito a viabilizar o transporte escolar para 16 crianças com mais de 12 anos que percorriam o trajeto para estudar na cidade, à noite. Como Chicão precisava viajar a semana inteira para incentivar outras famílias a participarem das ocupações de terra, sua filha mais velha, Salete, ficou responsável por cuidar das crianças nos primeiros meses. Em seguida, começaria a acompanhar seu pai nas reuniões do MST, até se tornar, ela mesma, um quadro importante do Movimento em nível estadual.

Sensibilizada desde muito jovem a exercer o papel de quadro do Movimento, Salete foi (nas palavras do irmão Valmir) enviada a Cuba pelo MST para conhecer as inúmeras experiências de cooperativas. Ao retornar, ela se tornaria uma apóstola da prática de educação política entre ativistas. Era o início do setor de *formação* do MST, atividade que, segundo ela, seria capaz de reunir tanto camponeses que haviam conquistado uma terra como os outros, os despossuídos. Salete viajava por todos os acampamentos da região, atividade que lhe tomava bastante tempo. Seu irmão conta que, antes de ir para a Copavi, quando eles ainda moravam perto de Ortigueira, ele quase não via a irmã, que só passava em casa uma vez por mês. Quando a família se instalou na Copavi, Salete ficou responsável, como os demais militantes, pela elaboração das regras da cooperativa e dos trabalhos ali desenvolvidos. Ela permaneceu com a família e alimentou um desejo de fixar-se ali, junto a eles, com um pedaço de terra para si. Tal qual outros associados liberados pela cooperativa, ela poderia ser, ao mesmo tempo, associada e seguir seu trabalho político de formação na região. Mas, segundo seu irmão, aquele projeto não pôde prosperar, pois o MST já tinha outros planos para Salete.

Três meses após chegar à Santa Maria, a direção do MST do Paraná solicitou o apoio da militante nas atividades de formação em outras comunidades afastadas da Copavi. Foi assim que Salete retomou seu trabalho de formação, sem ter, durante muitos anos, um domicílio fixo, dormindo "lá onde ela encontrasse uma cama". Seu irmão descreve o trabalho dela como uma *missão*, e, em nenhum momento, relata ter visto a irmã infeliz com aquela vida. Tudo acontecia como se Salete tivesse escolhido, do seu próprio jeito, como ela deveria contribuir com o MST.[75]

Como se pode explicar a força desse engajamento? Um compromisso ao mesmo tempo com o pai (e a instituição familiar) e o MST.[76] Essa jovem se dispôs a tamanho esforço porque ela acreditava na causa e amava seu trabalho. Ela demonstrava uma forte coerência, no cotidiano, entre o que professa em seu discurso e o que realiza com suas ações. Seu trabalho de formação é ensinar aos militantes como engajar-se, e ela o fazia não apenas através da palavra, mas, sobretudo, com seu exemplo de vida. Salete vivia uma etapa de sua vida em movimento, sem projetos pessoais, fazendo dos projetos do MST os seus, porque ela carrega em si mesma os objetivos da organização. Esse esforço tem um significado: ela deixou sua família para entrar em outra, a do MST. Dessa forma, qualquer pessoa que deseje compreender e praticar os objetivos do MST se torna "seu amigo" em potencial.

Foi através desse engajamento que Salete participava na construção de uma comunidade, de um *mundo comum*, cujos objetivos

---

75 Como Salete viajava com frequência, teve que parar de estudar. Em 1998, ao começar a faculdade de Pedagogia, faleceu num acidente de ônibus. A lembrança de Salete está muito presente no MST. A escola do assentamento Ireno Alves leva seu nome.

76 Assim como Salete, outros filhos de Chicão se tornaram quadros do MST.

e regras são precisos e dizem respeito à maneira de agir perante os companheiros. Mas havia um segundo significado, menos visível, em seu engajamento: quanto mais ela se comprometia com o MST, mais ela se comprometia com a luta de *seu pai*, e mais era reconhecida por ele como herdeira de sua missão. Ao mesmo tempo em que ela se engajava na família do MST, confirmava que estaria pronta para lutar *com* seu pai. Pode-se dizer, a partir disso, que não existe uma fronteira nítida entre o mundo da família e o mundo do MST, que os sentimentos em relação a um e ao outro são da mesma natureza.

Nesse *mundo social*, o fato de ser indiferente e fechado diante das necessidades dos companheiros revela uma falta de compromisso do militante que, com essa ação, demonstra também uma traição contra o próprio Movimento. Um segundo exemplo – o de Célia – ilustrará o laço que os militantes estabelecem entre o objetivo a ser alcançado e o tipo de relação que eles devem ter com os companheiros:

— Quando foi pra vir pra Copavi, a gente fez reuniões com os companheiros (...) e aí formou esta proposta: "A gente vai pra Copavi, pra Paranacity, mas pra trabalhar o coletivo, a área total no coletivo". Eu mesma já tive pouca dificuldade, porque chegou já conhecendo as pessoas. Já...já tinha um objetivo, né? Todo mundo já tinha esse objetivo. O qual era o mesmo objetivo, né? Então teve esta facilidade. E eu acho que a convivência nossa aqui dentro, ela... ela se torna fácil de conviver com as pessoas até mesmo pela luta que a gente vem... vem acompanhando, né? (...) vem conhecendo o Movimento Sem Terra, vem trabalhando dentro do Movimento. (...) Você vai assim tendo uma espécie de (...) fica mais sensível de entender as pessoas. Quando tem pessoas que são mais difíceis, né? Então você tem essa facilidade. E as pessoas que não estão dentro do Movimento Sem Terra, a gente percebe isso hoje... ela tem uma certa dificuldade de entender os outros companheiros, de ser sensível aos outros companheiros, de entender... e se relacionar com os outros companheiros. Várias famílias vieram aqui e já desistiram. Por quê? Porque (...) elas não estão conscientes de onde vieram, para onde vão, o que vai trabalhar, não têm um objetivo claro, na verdade não têm um objetivo claro. Para conviver do jeito que a gente convive aqui... a gente tem que ter em primeiro lugar a sensibilidade com o companheiro.[77]

A fala de Célia mostra que existe uma tensão entre as necessidades individuais e o bem comum de todos os associados da cooperativa. A depender do engajamento do militante e de sua consciência em fazer parte da comunidade, as obrigações são vivenciadas de diferentes formas. Alguns associados têm mais capacidades que outros, não apenas para aceitar as regras, mas também para contestá-las. No caso de Célia, essa aptidão foi adquirida após sua chegada na cooperativa. Mesmo que ela nos conte que, desde o início, seu objetivo era viver em coletividade, e que ela já havia vivido experiências-limite em acampamentos durante sua adolescência, ela chegou à Copavi sem ter desenvolvido ainda a capacidade de expor seu ponto de vista, e reconhece que tinha medo de falar em público. Em seu relato, percebe-se que foi graças à vida junto à cooperativa que ela pôde se tornar ativa no centro do grupo.

— No começo... eu tinha um tipo de comportamento. Hoje eu tenho um comportamento bem diferente. Pra mim, tudo que eu passei aqui foi uma escola. Acho que se eu fosse à universidade fazer um curso, não ia aprender tanto como aqui. Porque eu era uma pessoa assim... bem fechada... nervosa... hoje ainda sou um pouco nervosa, mas antes... antes eu era 100%. Se alguém me olhasse feio, o mundo caía... hoje não... já superei isso.[78]

2.2 Ter o "coletivo no sangue"

A militante Célia diz ter o "coletivo no sangue", ao contrário das pessoas que ainda não conseguiram incorporar, à sua personalidade, algo que para ela é uma qualidade do "viver juntos". Em

77 Entrevista com Célia, realizada em 19 de setembro de 2001.

78 Entrevista com Célia, realizada em 26 de julho de 2002.

seu raciocínio, a ativista inclui nesse grupo todos os indivíduos sem formação política. Seria devido a essa ausência que eles ficariam bravos com outros companheiros, e se irritariam durante as reuniões. Aqueles que não têm a experiência do político não conseguiriam compreender o que significa, para um Sem Terra, falar em público. Eles imaginam que o orador teria intenções ocultas, e que, ao tomar a palavra, seu verdadeiro objetivo seria ofender os outros. Por isso, tais indivíduos não teriam desenvolvido ainda a capacidade de tomar a palavra durante as discussões. São pessoas geralmente fechadas à crítica, com dificuldades de aceitar ideias contrárias às suas. Por outro lado, um militante exemplar, que tem "o coletivo no sangue", seria aquele que consegue compreender o papel das trocas verbais, e não tem medo quando é levado a discordar do ponto de vista de seu vizinho. Ele pode falar, é capaz de escutar, segue a vontade da maioria e se importa com o problema dos outros, práticas que são evidenciadas em sua conduta, sempre preocupada em resolver os problemas comuns.

— Porque a pessoa que tem o "coletivo no sangue", ela é mais fácil de você conviver com ela. Ela entende assim... Você pode falar, você pode xingar, você pode dar de dedo na pessoa agora, mas saiu da reunião, ela entende que é só na hora da reunião. Na hora da reunião, você pode falar o que deve falar, mas, fora da reunião, não se fala mais... Saiu da reunião tudo é amigo. Passou. Aquilo passou. Então ela tem mais facilidade de entender. E estas pessoas que não têm muito... muito claro ainda qual é o objetivo... elas têm esta dificuldade ainda. Ela se queima, ela se magoa por algumas palavras (...) A pessoa que tem o "coletivo no sangue" é aquela pessoa que... ela chega e ela se sente dono, responsável da coisa. Ela chega, ela trabalha, ela é responsável, ela responde pelos lados positivos e negativos do seu trabalho. Ela tem essa facilidade. A pessoa que não tá no sangue, ela fica meio de retaguarda: "Deixa que os outros vão, que depois eu vou pra ver o que é que dá...". Tem essa diferenciação. (...) Se der um problema, ela fala que é do outro... "Porque fulano não fez a atividade certa, agora deu problema, agora vem pra cá... e tal". Ela não assume! Não se responsabiliza por tudo.[79]

Nesse relato, Célia mostra que ser coordenadora não é "comandar" os companheiros. Ela indica ter compreendido que, primeiramente, é preciso trabalhar sobre si mesmo, e que o compromisso dos outros será uma transformação ligada a seu próprio engajamento. Ela reconhece que sua função requer muita paciência para lidar com os companheiros que não estão implicados em seu trabalho. Célia revela, também, que é necessário ser minimamente vigilante para não ser invasiva, mas, ao mesmo tempo, saber exercer a dose certa de pressão, para que a pessoa possa responder à sua demanda.

2.3 Participar das reuniões como parte da formação política

A formação de um militante da Copavi se faz no cotidiano, nas interações no trabalho, no refeitório ou durante as partidas de futebol. Contudo, é nas reuniões, por excelência, que os indivíduos podem adquirir a identidade de Sem Terra.[80] Esses espaços são estruturados para que os militantes possam dizer tudo, ao mesmo tempo em que aprendem como dizê-lo de forma aceitável para o grupo. Pude observar algumas reuniões, como, por exemplo, um encontro do Conselho Deliberativo.

Nesse encontro, o diálogo parecia muito bem organizado. Estavam presentes o Presidente, o vice-Presidente, o secretário, a tesoureira, os dois representantes dos núcleos de base e os coordenadores das atividades produtivas. O Presidente abriu a reunião pedindo ao secretário para ler a ata da reunião precedente. Em

---

79 Entrevista com Célia, realizada em 19 de setembro de 2001.

80 Todas as atividades coletivas (ocupações, marchas, reuniões etc.) só se realizam porque existe, na base, um conhecimento adquirido durante as próprias ações e nas formações políticas.

seguida, perguntou aos presentes se eles tinham alguma questão a tratar. A reunião se desenrolou num clima calmo e amistoso. Os participantes tomavam a palavra na sua vez, respeitado o tempo de cada um. Aqueles que não haviam falado foram convidados a dar sua opinião sobre os temas abordados. Pude sentir que o fato de poder falar é não apenas um direito, mas também um dever. De repente, uma questão polêmica entrou na pauta: o pedido de empréstimo de 500 reais de uma jovem militante, para pagar sua carteira de motorista.[81] A tesoureira, parecendo irritada, declarou que aquela pessoa nunca iria saldar a dívida com a cooperativa e que, de fato, seria uma doação. O Presidente tomou a palavra, em defesa da jovem militante. Tentando uma conciliação, ele propôs que a Copavi emprestasse a ela a metade da soma requisitada. Após uma longa discussão, o conjunto dos presentes aceitou a proposta do Presidente. No final da reunião, saindo da sala, o Presidente e eu ficamos sozinhos. Ele então perguntou:

— O que você achou de minha posição na reunião?

Me surpreendi com essa pergunta. Pude sentir que ele não estava convencido de ter dirigido bem a discussão. Nessa e em todas as reuniões em que estive presente, constatei que, sempre que um membro do grupo toma a palavra, os demais se mantinham em silêncio. E, através das respostas oferecidas, pude perceber que os militantes estavam prestando atenção e eram capazes de escutar e compreender aquele que lhes falava. Vários militantes relataram que já haviam insistido bastante ao defender seu ponto de vista durante as assembleias gerais. No entanto, eles afirmam ter consciência de que a disputa deve ocorrer dentro do espaço da reunião.

— Aqui tem essa vantagem: discussão é discussão! Tu tá numa reunião pode xingar, pode... porque claro que nunca vai ser as ideias igual, né? Tipo assim: eu tenho uma ideia, Natalino tem

---

81 Segundo informações, a jovem não havia submetido seu pedido a uma discussão prévia, em seu núcleo de base, segundo a norma da Copavi.

outra... nem sempre porque ele é meu marido que eu vou concordar com ele. Às vezes ele pode estar certo, e eu posso também não concordar. Então é isso que tem... nunca as ideias vão se fechar muito! Mas saiu da reunião, não tem mais nada, ninguém vai ficar de cara feia, ninguém vai brigar. Reunião é reunião! Discussão é discussão! Trabalho é trabalho e a relação é outra. Depois não tem mais nada. Saiu da reunião... volta tudo ao normal... nunca ninguém, tipo assim, bateu... uma que nem pode... Nós temos no regulamento: "agressão é expulso". Então isso não existe. Chega no final se acerta![82]

Alguns militantes revelam, em seus relatos, que a formação política é eficaz quando é possível verificar uma mudança na consciência a partir de uma ruptura na forma de agir do indivíduo. Entre os militantes Sem Terra, essa nova consciência é uma consciência de classe. Ser Sem Terra significa fazer parte de uma comunidade que deve romper com todos aqueles que a oprimem. No relato de Natalino, por exemplo, ele indica que essa mudança implica em parar de carregar um sentimento de inferioridade diante dos ricos ou de todos aqueles que têm poder.

Antes de ser Sem Terra, Natalino não se sentia parte de nenhuma comunidade; ele se sentia isolado e agia de acordo com o espírito dominante, ou seja, de forma individualista. Em seu trajeto para tornar-se Sem Terra, ele compreendeu que essa era a visão de todo mundo. O indivíduo demonstra que se formou não apenas quando tem a capacidade de falar em público, mas quando reconhece como seus os valores caros ao Sem Terra: a fraternidade e a capacidade de doar-se. É no processo de formação que ele aprende a lutar contra o acúmulo de riquezas e o individualismo. Ele diz ter adquirido uma nova consciência quando compreendeu que fazia parte dos pobres e que deveria agir com o seu grupo.

— Então, eu... é uma história... vou tentar dar uma resumida. Porque a gente começou a mudar um pouco a visão, assim, a ter

82 Entrevista com Terezinha, realizada em 19 de setembro de 2001.

uma visão melhor quanto àquilo que seria mais ideal. Você começa a entender as coisas melhor, porque é que acontece e tal. Antes, a gente tinha então a ideia que tudo o que um padre falasse, o que um político falasse, a gente entrava tudo naquilo... Tipo assim: "Eles são pessoas mais entendidas, então a gente tem que respeitar! Porque eles é que sabem das coisas, a gente tem que ir pelo que eles falam". Essa era a visão minha até 12 anos atrás, mais ou menos. Foi antes de conhecer o Movimento Sem Terra, antes da gente ingressar no Movimento. Então, a gente aceitava tudo o que era colocado. A partir daí, a gente passou a conhecer o Movimento Sem Terra, começou a participar, e a gente começou a ter uma visão diferente: que a gente tem que ter os princípios da gente e não ficar atrás de tudo o que se coloca. Um político falava: "As coisas têm que ser assim! O povo tem que contribuir porque é assim que têm que ser as coisas!" E você, enquanto pequeno agricultor, sempre se lascando... a gente querendo ser fiel. "Eles estão falando, então tem que ser assim mesmo...". E, assim, cada vez pior. Então, nesse sentido que a gente começou a entender diferente. Não que a gente mudou muito economicamente, mas sim politicamente, e de consciência, de visão diferente de mundo... Que a gente tinha que ter um ideal na vida, em que você lutasse por alguma coisa. Não aceitar! (...). Hoje, sou uma pessoa que consigo, assim, entender um pouco diferente as coisas, e acho que estou fazendo a minha parte enquanto contribuição pra mudança da sociedade. Uma mudança para uma consciência diferente. No sentido de você lutar, assim, pra uma mudança da sociedade que o povo, as pessoas – e nisso eu entro junto – tenham uma vida melhor, onde você lute pra um, um melhoramento da vida, não pessoalmente, não só pessoalmente, mas sim do conjunto da sociedade... E a gente tinha uma visão muito individualista, tipo assim: "Eu me saindo bem, o resto que se lasque!" E a gente passou a entender que não. Que nós pequenos, que nós pobres... temos que ter uma visão de melhoramento do conjunto.[83]

83 Entrevista com Natalino, realizada em 19 de setembro de 2001.

Contudo, a consciência do "nós" e a formação política são capacidades que estão longe de serem adquiridas de uma vez por todas. O processo de formação da comunidade para forjar um sentimento de pertencimento à "família Copavi" está sempre se construindo. Cada nova experiência compartilhada representa um risco para a harmonia do grupo. A amizade entre os membros da cooperativa é fomentada pela realização cotidiana das refeições em conjunto. Permitir-se esse momento de prazer, num ambiente amigável, onde os indivíduos podem se deixar levar, sem os constrangimentos das regras do trabalho ou das reuniões, contribuiu muito (e ainda contribui) para a qualidade do tecido social da comunidade.

2.4 Comer juntos: a confirmação da comunidade no cotidiano

O refeitório da Copavi foi construído um ano após a ocupação, junto com a constituição da cooperativa. Porém, nas entrevistas, pude notar que a escolha de comer todos juntos, de segunda a sexta-feira, não foi uma decisão simples. Foi necessário um longo debate para que as famílias aceitassem a construção do refeitório e sua utilização diária para o almoço. Terezinha e sua família começaram a comer com o grupo para respeitar a vontade da maioria. Porém, ela admite que comer fora de casa, mudar o hábito de estar a sós com a sua família, representava um grande esforço:

— Quando surgiu o refeitório, eu era uma pessoa que não queria nem vir comer no refeitório. Tinha vergonha, a gente não era acostumado... estar assim, né? Tudo junto! Eu achava um absurdo! (...) Vinha, mas assim... meio se escondendo (...) não foi fácil, né? Mas hoje acho que se for pra eu morar num lugar assim... individual, acho que eu não me acostumo mais.[84]

---

84 Entrevista com Terezinha, realizada em 19 de setembro de 2001.

O fato de abrir-se, sair do conforto da sua intimidade para comer todos os dias com as outras famílias é uma marca do espaço público. Trata-se de aceitar uma situação desconhecida e uma alimentação diferente da sua. Os militantes puderam se habituar a essa prática, estranha para a maioria, porque eles conseguiram estabelecer, progressivamente, uma relação entre si, com a instauração de um mundo comum.[85] A repetição do ato de compartilhar dá a cada militante o sentimento de pertencer a comunidade. Sentir-se *com* os outros torna os indivíduos cada vez mais sociáveis, permitindo aguentar os outros momentos, mais tristes, como nas horas de tensão no trabalho ou das discussões nas reuniões. O grau de coesão entre os militantes da Copavi pôde assim se tornar mais forte, graças a esses momentos em que as famílias reencontram seus filhos. Mas sobretudo, quando *os filhos dos outros* ficam sob a responsabilidade daquele que estiver mais próximo. Nesses momentos, os militantes conversam escutam, observam.

Dito de outra forma, eles podem trocar sorrisos ou caretas sem a obrigação de agir para produzir alguma coisa, próprio da rotina do trabalho. Ali, as famílias estavam juntas com o único objetivo de compartilhar um momento aprazível em comum. A fome que se deve satisfazer não era o único motivo daquele encontro. Matar a fome acaba se tornando um objetivo secundário diante da teia de relações que se constrói entre todos.

Durante o trabalho de pesquisa, nós sempre almoçamos no refeitório. Guardo na memória uma cena muito parecida, que não mudou desde a primeira vez que ali estive, em 2000. Todas as famílias dividindo as mesas no refeitório, todo mundo conversando, num clima bem agradável e descontraído. Ao terminar de comer, cada um deixava o refeitório e ia para a varanda em frente, fazer a fila para lavar o seu prato num tanque destinado à louça da cozinha. O gesto era imitado até mesmo pelas crianças de sete

85 Essa é a origem da palavra “companheiro”: aquele que comparte o mesmo pão.

ou oito anos. Cada um aceita limpar o que sujou, num momento educativo, instaurando o sentido de responsabilidade.

> As mulheres estavam sentadas e tomando sol, nos bancos que ficam na entrada do refeitório. O chimarrão passava de mão em mão, cada uma tomando na sua vez. A conversa estava permeada de brincadeiras. Não havia pressa. O momento parecia muito agradável para elas. O clima era de calma e de compreensão. As que não estavam tomando chimarrão participavam da conversa. Após este momento, que parecia durar uma meia hora, as mulheres entravam para comer. Mas antes de sentar nas pequenas mesas, era necessário ficar na fila do bufê. Uma vez que o prato estivesse cheio, havia a necessidade de anotar o peso, o que era feito por uma das cozinheiras.[86] Todos conversam e o ruído é grande; é impossível assistir ao telejornal na grande televisão suspensa. Mas naquele dia, o telejornal transmitia imagens de um acampamento do MST no Paraná. De repente um silêncio se fez e todos passaram a assistir ao jornal, com uma atenção e um respeito notáveis.[87]

Esses momentos em que cada um sente que faz parte da comunidade podem, às vezes, construir barreiras, fechando a sociedade aos que não fazem parte da mesma. Contudo, esse não é o caso da Copavi. De fato, os militantes são formados para acreditar que todo indivíduo pode, uma vez formado, tornar-se um Sem Terra. A Copavi se abre aos que ainda não têm uma consciência política – abertura que representa uma verdadeira prova para os membros da cooperativa. De fato, na confrontação com os estrangeiros, eles devem mostrar o que eles são, e assim, o sentido de abertura e de política de todos os militantes é posto a prova.

86 No final do mês, o valor consumido é descontado do salário.

87 Notas do jornal de campo.

2.5 Ampliar o sentimento de família aos "outros"

A pesquisa revelou várias maneiras de entrar no mundo social da Copavi. O primeiro grupo corresponde aos indivíduos que manifestaram uma afinidade política com os militantes, ou seja, os que têm uma ideologia próxima da esquerda. O segundo grupo é formado pelos indivíduos que passaram pelos acampamentos do MST. Enfim, o terceiro grupo é constituído de pessoas que desejam entrar na Copavi para se juntar a um membro da sua família. Nessas três situações, o "novo" não é totalmente estrangeiro.

Para que uma família seja convidada a ser sócia da Copavi ou seja aceita após ter solicitado a sua adesão, há sempre um debate no Conselho Deliberativo. Nessa discussão, são analisadas as características e as capacidades de adaptação do candidato à vida coletiva. Essas famílias convidadas pela Copavi costumam já ter uma militância à esquerda (em geral, no Partido dos Trabalhadores – PT).

Domingos e Luiza (mais dois filhos e um neto)[88] e Afonso e Lourdes (mais duas filhas e um filho) chegaram à Copavi em 2000. As duas famílias têm algo em comum: haviam morado na cidade de Cascavel, onde nasceram os filhos. Ninguém tinha participado de uma ocupação de terra e, para todos, viver num assentamento é uma novidade. Domingos foi um dos fundadores do PT de Cascavel, no início dos anos 1980. Em 1989, participou de uma chapa para as eleições municipais. Durante muitos anos, esteve à frente dos trabalhos sociais na sua paróquia: entre as atividades, participou ativamente da Romaria do trabalhador. O trabalho político da família era reconhecido pelo padre que, após

88 Alex, um dos filhos, decide seguir os pais e chega à Copavi três meses depois deles.

a mudança da família, disse: "Vocês tão fazendo falta aqui (...) vocês têm que voltar aqui pra tocar a comunidade!"[89]

Dos filhos, Alex era o mais ativo na paróquia.

— Eu era catequista, grupo de jovens, sempre! Minha vida inteira foi dentro da Igreja! E participando assim! Fui criado dentro da Igreja!

Todavia, Alex expressou sua crítica a Igreja que, segundo ele, não se compromete com a causa dos pobres:

— A questão da Renovação Carismática (...) eu não concordo com aquilo... – e eu já participei de curso de carismático, passei à liderança carismática, só pra ver se eu conseguia! E isso não é de agora, do Movimento Sem Terra. É desde quando eu dava catequese. Desde que eu era coordenador do grupo de jovens com 15, 16 anos. Fiz um curso de um ano... pra ver se eu acreditava! (...) Porque eles colocam assim: "É só você rezar que tá resolvido o problema!" Eu acho que não é só isso! Você tem que rezar, eu acho que você tem que acreditar em Deus... porque se você não acreditar em Deus... vai acreditar no quê? Mas tem que lutar também!

Para os tios de Alex, Domingos era "o comunista da família", aquele que sempre foi militante e crítico do sistema. Passou sua infância no campo e sempre teve o sonho de voltar.[90] Ao se casar, Domingos partiu da cidade onde vivia e foi trabalhar como pedreiro nas barragens que seriam construídas no Paraná, a partir de 1974. Essa atividade obrigou a família a mudar constantemente de cidade.

---

89 Essas e outras informações sobre a família de Alex foram coletadas na entrevista de 11 de julho de 2002. Domingos tinha viajado a Cascavel e encontrado o padre em questão.

90 O pai de Domingos é imigrante italiano, tendo chegado ao Brasil em 1904. Trabalhou a vida toda para fazendeiros, com a função de limpar a área para o plantio de café. Esse trabalho não lhe deu condições de se fixar numa terra ou de se tornar proprietário. O trabalho era itinerante: a cada quatro anos ele tinha que procurar uma nova fazenda.

Sua esposa, Luiza, era dona de casa e, em seguida, trabalhou como costureira por 18 anos, sem jamais ter participado da política.

O casal deixou a Copavi em 2003; a família de Afonso e de Lourdes chegou a Copavi no mesmo ano. Ao se casarem, ainda moravam no sítio. Foram obrigados a vendê-lo e ir para a cidade, após inúmeras perdas nas colheitas e sem condições de pagar os empréstimos do banco. O casal foi convidado porque o irmão de Afonso é um professor reconhecido pelas suas atividades políticas. Já Afonso nunca foi militante. Ao chegar à cidade, trabalhou como empregado de uma empresa de gás e sua mulher era dona de casa. Seu perfil não o inclinava a viver e trabalhar numa cooperativa coletiva. A motivação se encontrava nas dificuldades econômicas que teve para educar três filhos na periferia de um centro urbano.

O segundo grupo corresponde às famílias que viviam num acampamento do MST e que, graças a sua forma de trabalhar e de se comprometer com o movimento, foram notadas por algum membro da Copavi. Dessa forma, Seu Chicão, nas suas atividades políticas, encontrou o casal Ademar e Lenir, que manifestou o interesse de experimentar viver no coletivo, mas sem nunca antes ter participado de alguma associação. No acampamento, eles tinham simpatizado com André, que decidiu segui-los na nova vida. Esse casal não é mais sócio da cooperativa. Um ano após o acidente de trabalho que causou a morte de Ademar, em 2002, sua viúva deixa a Copavi.

O terceiro grupo que deseja se associar à Copavi corresponde a todos os indivíduos que têm um membro da família já sócio. Em minhas observações, nota-se o fato de que os membros da Copavi não são muito abertos a aceitar os parentes de seus sócios. O irmão e a mãe de Ademar, por exemplo, solicitaram associação à Copavi. Em 2003, chegou Teresa, sua mãe (seu marido preferiu ficar na cidade). Como todos os candidatos, ela teve de passar pelo "período de experiência" – os dois meses iniciais – antes de poder ser aceita como sócia. Durante esse período, ela participou dos trabalhos coletivos e almoçou no refeitório. Numa reunião do Conselho Deliberativo, a associação de Teresa se efetuou.

> A reunião acontece à noite, na casa de Sacola. O clima é tenso. A tesoureira começa falando da política da cooperativa: "Nós temos como objetivo evitar de receber outros membros da mesma família... O 'sangue' fala, às vezes, mais forte que o 'justo'! Ter muitos membros da mesma família pode pôr em risco o coletivo...". Um outro militante pede, em seguida, para que Teresa diga como ela se sente desde que chegou na Copavi.[91]

Para o conjunto dos militantes presentes, ficou claro que a mulher pede associação à Copavi porque estava sem trabalho. A ideologia do coletivo e o projeto de se tornar uma Sem Terra não parecem atravessar o seu pensamento. Apesar dessas características, completamente diferentes das de um militante em potencial, sua candidatura foi aceita e ela tornou-se membro da cooperativa.

O caso de seu filho, Darci, irmão de Ademar, é um exemplo da trajetória dos jovens que não têm nenhuma formação política e que, assim mesmo, pedem para entrar na Copavi. Quando Darci era adolescente, a família morava no Paraguai, onde os homens da família tinham trabalhado em serrarias. As condições de vida eram muito difíceis, com mudanças frequentes e um empobrecimento cada vez maior. Adulto, Darci decidiu voltar ao Brasil e trabalhar na cidade, em diferentes restaurantes. Seu último trabalho havia sido num pequeno restaurante, onde ele era garçom, cozinheiro e faxineiro.

— Eu saí do restaurante. Quando eu acertei as contas, o patrão e o gerente perguntaram pra mim: "O que você vai fazer agora?" "Eu vou pra debaixo de uma lona preta!" (...) Me chamaram de louco: "Você é doido! Você é louco!" Eu falei: "Não, louco

91 Notas do jornal de campo.

e doido é quem fica trabalhando sendo ignorado e explorado por vocês aqui!" (...) Eu tava trabalhando, aí eu comecei a pensar... porque eu sempre via na televisão aquele movimento, o MST... aquele povo lutando pelos direitos deles... e eu sempre pensava "Esse povo, o que é que eles ficam fazendo? Porque é que não vão trabalhar, arrumar um emprego!" Mas, ao mesmo tempo, eu lembrava: "Onde é que eles vão trabalhar? O que é que eles vão fazer? Se não é conseguindo um pedaço de terra pra plantar e tirar seu sustento de cima dela?"[92]

Até então, Darci pensava que os Sem Terra eram vagabundos, que aquela não era a sua luta. É importante analisar as razões que o conduziram à Copavi e ao MST: uma experiência em que se sentiu humilhado pelo patrão.

— Eu ficava com essa dúvida assim... (sobre a luta dos Sem Terra). Aí, chegou um dia lá, houve um desentendimento... eu já tinha saído do meu expediente de trabalho. Já tinha encerrado o meu expediente... eu até já tinha ido dormir. À noite, o patrão mandou me chamar. Levantei, fui ver o que ele queria. Me chamou atenção num monte de coisa lá... que eu não tinha nada a ver com a história. Aí, eu pensei: "Isso não é justo, não!" E disse: "Vamos fazer o acerto! Eu não trabalho mais aqui!" Aí, eu defini: "Agora eu vou (acampar)!"

Sem dúvida, essa experiência marcou Darci na sua autoestima. Ele foi capaz de se juntar à luta dos Sem Terra porque o sentimento de sofrer uma injustiça era insuportável. Há um corte na sua biografia: já não podia ignorar a luta por direitos sociais quando ele próprio se via numa situação em que nenhum direito lhe foi assegurado. Decidiu que não queria mais ser explorado e tinha uma opção de agir ao ver o exemplo do irmão, que havia entrado no MST. Entretanto, sua adaptação ao sistema coletivo da Copavi foi muito difícil. Darci

---

92 Essa e as informações seguintes foram coletadas na entrevista com Darci, realizada em 18 de setembro de 2001.

não teve uma formação politica e na sua vida pregressa nunca havia convivido com outras famílias, salvo o período em que morou no acampamento. Mas se ele ficou, foi porque foi capaz de compreender a mensagem enviada pelos militantes:

— Para começar, pra você viver no coletivo como a gente vive aqui, entre tantas famílias, você tem que... como eu digo... você tem que saber conviver com o povo! Você não pode querer viver no meio de tantas famílias sendo, por exemplo, que nem uma pessoa que quer viver individual, viver afastada, lá. Você tem que viver no conjunto também. Tem que se relacionar com as pessoas. Essa é uma dificuldade que a gente supera, praticamente superou, né? Supera pelo fato de antes disso já ter convivência, né? Em grupos grandes, nos acampamentos.

Essas três famílias têm uma característica comum: elas não têm uma experiência de formação política. Dar a sua vida "pelos outros" não parecia fazer parte de suas prioridades. Há vários anos residentes na cidade, não mostravam nenhuma ligação amorosa com a terra. Ou seja, estas pessoas não se sentiam Sem Terra e, para poder ficar na Copavi, elas precisaram passar por um processo de abertura e de transformação.

2.6 Ser convertido à luta do MST: fator de longevidade da comunidade

A família de Alex conhece dois momentos decisivos para a sua *conversão* à identidade de Sem Terra ⍰ e também para o fracasso a essa *conversão*. O casal Domingos e Luiza deixou a Copavi em 2003 para voltar a viver na cidade. No entanto, os seus dois filhos Alex (22 anos) e Anderson (20 anos) ficaram na cooperativa.

Alex é o exemplo típico do militante "formado" pelo MST. Sua biografia e o seu processo de engajamento, até se tornar um quadro, de poder dar a vida pelo Movimento, são muito interessantes. Em 2002, nas eleições do Conselho Deliberativo da Copavi,

Alex tinha 22 anos e foi eleito secretário da cooperativa. Em 2003, observamos que ele redigiu as atas das reuniões e participou ativamente dos debates. Era um jovem alegre e muito comunicativo.[93] Encontramos Alex pela primeira vez em 2000, quando a família chegou à Copavi e ele estava com 18 anos:

— Morei 18 anos na cidade! Nunca morei em sítio. (...) Quando o pai e a mãe falaram que iam vir pra cá, eu falei que não ia vir, né? Eu não tinha ideia de vir pra cá.

Ele explicou que seu pai "já nasceu na roça": morou 20 anos no campo, até ir para a cidade. Por isso, o pai sempre teve vontade de morar no sítio. Contudo, entrar no MST não fazia parte dos sonhos de seu pai, muito menos dos ideais de sua mãe. Segundo Alex, os dois estavam com um pouco de medo de ir para a Copavi "porque não tinham conhecimento. Não sabiam nada". Alex conta que ele ajudou na decisão: "Vão! Vocês têm vontade, se não der certo, volta!" Em 2000, então, os pais de Alex se mudaram para a Copavi, enquanto ele ficou em Cascavel, morando com seu irmão e outro rapaz.

— Só que eu e meu irmão mais velho também nunca se demos muito bem, né? E daí, morando com ele, eu... achava que não era bom pra mim (...). Meu irmão nunca teve umas ideias muito boas.

Ele descreve como viveu nesse período:

— Eu comi o pão que o diabo amassou!

Sem o apoio dos pais, começou se sentir sozinho e, de repente, tomou consciência dos problemas característicos da periferia de uma cidade como Cascavel. Ele se viu confrontado com o desemprego, a droga, os roubos, os assassinatos. Para compreender como Alex decidiu juntar-se a seus pais na Copavi, precisamos analisar outra

---

93 Ver o capítulo I. Na descrição da ocupação de 5 de agosto de 2003, citamos a participação de Alex e de seu Vitinho, voluntários da Copavi.

experiência – aquela vivida no mundo do trabalho. Foi em meio a um conflito com seu patrão que Alex sentiu um verdadeiro desgosto de viver como trabalhador assalariado na cidade. Ele trabalhava desde os 15 anos num supermercado, onde conhecia muita gente e tinha uma grande amizade com outro jovem da sua idade, Ailton. Até então, ele se sentia independente e gostava de viver na cidade de Cascavel.

— Trabalhava no supermercado de segunda a sábado... E ia estudar, né? Estudava... no sábado, saia do mercado às 10h da noite... chegava em casa, tomava um banhinho lá, nem jantava, nem olhava ninguém, me vestia e ia pra rua, ia pra Kalayame! Cascavel tem a Kalayame que é uma discoteca, vai um pessoal... (...) eu ia lá, né? Eu e meus amigos. Pessoal do mercado ia lá. Todo mundo lá. (...) No domingo de manhã, eu ia à missa, todo domingo! Daí, depois, eu dava catequese... depois chegava em casa, almoçava, daí às 3h ou 4h da tarde, me arrumava, ia pro Lago, e depois ia pra Kalayame de novo! Então, eu não vivia em casa... eu não tinha relação em casa. Minha vida era o mercado!

Esse equilíbrio foi rompido quando Alex começou a sentir um mal-estar no trabalho. Ele tinha uma boa relação somente com um dos patrões do supermercado, com quem ele conversava muito sobre política.

— O Carlos era um cara... assim, até por ser burguês, era um cara bão! Ele não queria... ele não obrigava você a fazer as coisas. Ele queria te convencer, né? (...) Eu tinha afinidade com ele... ele achava que tinha que ficar próximo dos funcionários. (...) Ele sempre ia almoçar com a gente, assim, ele tinha até uma amizade, uma certa amizade com a gente.

Com o outro patrão, irmão de Carlos, a relação era muito tensa. Alex não gostava da forma autoritária como ele tratava os funcionários. Ele conta como sua vida se transformou a partir de um conflito.

— Eu entrei como pacoteiro. Trabalhei seis meses de pacoteiro... pacoteiro é o menor escalão do mercado. Depois eu já tava em seção, trabalhei três anos lá. E eu gostava de trabalhar lá... só que deu um atrito dentro do mercado, né? O dono do mercado... um... eles são cinco no total. Um queria controlar, assim, tudo, né? (...) Eu tava com 17 anos na época... eu senti... briguei mais com ele, foi uma... questão pessoal (...) A gente não podia fazer nada. E eu como era... meu pai e minha mãe sempre criaram a gente nos movimentos sociais, lutando... pra lutar por nossos direitos! Pra ele era o mercado, que tinha que trabalhar no mercado! (...) Eu era um dos preferidos do outro patrão, porque sempre me esforcei, né? Tudo o que faço... eu sou conversador, bagunceiro, mas eu sempre me esforcei no trabalho, e isso ele reconhecia em mim, o Carlos... E tinha um rapaz lá, o Gilmar... que vivia de picuinha com o patrão... Eu fazia qualquer coisa, ele ia falar pro patrão. Ele tinha quatro anos mais de mercado. Ele era um cara assim... daquele tipo... qualquer coisinha que você fizesse ia falar pro patrão. Competição mesmo! Brigava! Queria que eu saísse!

Alex conta como era sua rotina baseada em certo grau de liberdade:

— Eu fazia um serviço lá desumano... assim se for ver... Só carregando fardo! Serviço ruim né? Quando eu enchia a seção, eu ia pro depósito conversar com o Ailton. Eu e o Ailton era muito amigo! Nós éramos tipo irmão, mesmo! E daí... nós ficávamos trabalhando juntos! Ele trabalhava no depósito e eu ia lá ajudar ele. E depois ele vinha na seção ajudar eu, né? Trocava... Então o Gilmar não suportava isso!

O problema se deu quando Gilmar passou a ser chefe substituto, durante as férias do responsável de seção.

— Gilmar ficou quinze dias como chefe de seção. Os piores quinze dias da minha vida!

Não aceitava os acertos de Alex com Ailton e, um dia, lhe chamou a atenção, pedindo para retornar à sua seção:

— Ele veio assim... parecendo superior... o dono do mercado!

Como Alex se negou a partir, Gilmar tentou impor sua autoridade e começaram uma discussão. Eles foram chamados ao escritório dos patrões, que cogitaram despedir Alex. Mas como era muito trabalhador, Carlos decidiu lhe dar uma segunda chance. Porém, tal acontecimento transformou os sentimentos de Alex com seu trabalho: ele tomou consciência da concorrência brutal e o sentimento de estar numa família desapareceu.

Alex compreendeu que o mundo do trabalho é, em grande medida, a submissão a autoridade do patrão. Um outro acontecimento reforçou essa certeza de "ser tratado como escravo". Os dois amigos foram perseguidos por se juntarem a um grupo que queria fazer um sindicato "dos trabalhadores de mercados".

— Nós fomos à reunião. O dono do mercado mandou o gerente ir lá pra ver o que era... No dia seguinte, o gerente informa: "O Alex e o Ailton tavam lá...".

Duas semanas depois, os dois foram convocados pelo alto-falante, o que foi um alvoroço no mercado, com os colegas gritando: "ganharam a conta!" O dono lhes mostra as cinco fotos onde apareciam os dois e a carta recebida onde constava que não podia despedi-los.[94] O patrão então disse "Isso aí não leva a nada! Vocês querem lutar pelos direitos de vocês, é só vir falar comigo, que eu vejo o que posso fazer por vocês". Em seguida, tenta demonstrar sua pretensa superioridade — "O que vocês acham que vocês querem ser?" – e então os ameaça: "Imaginem que eu dou a conta pra vocês... nenhum mercado vai pegar vocês pra trabalhar! Porque todos os outros donos de mercados vão saber...".

Ao perceber que no mundo do trabalho não há lugar para a amizade, Alex e Ailton fazem um pacto e pedem demissão na

---

94 Dois meses depois, o patrão mostrou, contente, a notícia no jornal: "Sindicato não foi aceito pelo juiz da vara...".

mesma semana. Os projetos de Alex começaram a mudar e ele decidiu não "ser mais escravo da empresa".[95] Nesse contexto, ele partiu para a Copavi. Conhece o MST pelas imagens da TV. Considerava a luta justa, mas à época tinha um problema quando questionado se era justo ocupar terras.

No mercado, ele já defendia a luta dos Sem Terra, mas era uma defesa sem argumentos políticos, não conseguia justificar a luta. Um dia, ele lembrou que ficou sem argumentos quando seu patrão disse: "Imagina agora, Alex... todos os mendigos de Cascavel resolvem entrar dentro do mercado, é justo?" No entanto, Alex não conhecia a vida num assentamento, nem o que significava compartilhar o cotidiano como sócio de uma cooperativa.

— Eu vim pra cá assim, na louca... a primeira coisa foi para conhecer! Eu pensei: "Eu vou lá conhecer, mas vamos ver se eu vou me acostumar!"

Alex chegou à cooperativa em maio de 2000 e viveu um longo processo até compreender o que é ser Sem Terra. Na sua entrevista, não pareceu que ele em algum momento foi forçado a falar ou agir como os outros. Ao contrário: ele disse que se sentia muito à vontade e que teve tempo para se adaptar.

— Até hoje o pessoal fala que eu era um bobão, né? Dois meses que eu cheguei aqui... eu não falava com ninguém! Só olhava! Via, gostava de ficar escutando os outros conversar... porque eu não tinha isso, né? Não tinha nada! (...) Do Movimento Sem Terra, não sabia... sabia o que passava na TV! Daí eu fui construindo... fui vendo... daí depois de dois meses, foi mais ou menos dois meses... pode perguntar pro pessoal... eu comecei a me engajar. Daí eu comecei a participar, assim, né? Eu vi que era isso que eu queria... hoje eu vejo o Movimento assim... eu não me vejo fora do Movimento, né?

95 Alex recusou uma proposta de trabalho numa empresa, apesar de o salário ser o dobro daquele do mercado.

Segundo Alex, foi na Copavi que ele encontrou um objetivo que transcendia o bem-estar individual – uma das razões que o orientaram a aceitar a identidade de Sem Terra. A partir de então, não era mais a luta pela sobrevivência que o motivava; ao se desenvolver politicamente, o rapaz observou que estava, simultaneamente, dando uma oportunidade aos mais frágeis.

— Porque no Movimento você consegue... mesmo eu trabalhando aqui dentro da Copavi, eu vejo que meu trabalho é uma forma de lutar contra o sistema! Porque nós aqui tamos... nós queremos provar que dá certo, outra coisa! (...) Essa questão da agroecologia... agora eu sou um dos que têm mais formação sobre isso... E isso é uma coisa que a gente coloca mesmo, a agroecologia que é uma bandeira do Movimento de fugir do sistema! Porque o que tem aí hoje... O que que a gente vê? É que todo mundo taca veneno e veneno e veneno! E a natureza ninguém cuida mais... tem gente que trabalha! Mas é pouco, né? A maioria dos agricultores é tacar veneno, e querem tirar dinheiro e ficar rico! E hoje nós conseguimos sobreviver! Nós temos uma condição de vida boa! E ainda dentro de um sistema capitalista e tentando mostrar que o capitalismo não é a única forma de trabalhar. Que é uma das piores. Eu acho que a Copavi é um exemplo assim, né? Você vê, tem gente aqui que é analfabeto. e que tem a mesma oportunidade do cara que tem... que é formado, como Valdir (...) porque tem a pessoa que não consegue... porque se ele fosse trabalhar, abrir uma empresa só dele ele não ia pra frente! Mas pra trabalhar aqui, ele é um cara bão! Só que por causa daquele negócio, que a gente tem, que foi criado desde cedo [pra acreditar] que "Pobre tem que ser pobre!" Então tem gente que tem dificuldade... E hoje aqui que dentro ele é dono da cooperativa! (...) Então eu acho que a Copavi é isso: Eu sei uma coisa... o outro sabe outra e vai somando isso tudo e a gente consegue se formar uma empresa... que tá crescendo (...). Consegue crescer dentro de um sistema que tá... que você só vê empresa quebrando, pequeno empresário ter que pegar empréstimo no banco e se afogando em juros... então é uma saída... Eu não consigo me pensar fora do Movimento... é uma questão disso, né? Que no Movimento a gente vê que tem possibilidade da gente mudar alguma coisa. Porque eu sozinho não vou mudar nada!

Alex vê a Copavi como uma grande comunidade, com uma qualidade de vida superior àquela da cidade. Sente amizade pelos companheiros, militantes como ele. De fato, as diferenças pessoais se tornam mínimas sob a ótica de poder pertencer ao mesmo mundo – um mundo comum permeado pela política.

— Porque hoje na Copavi o que é que tem? É confiança! Porque você vê a tesoureira... é a pessoa que pega todo o dinheiro da Copavi. Hoje nós temos um faturamento... digamos, em torno de 25 mil reais. E ela controla tudo! (...) temos o Conselho Fiscal (...) O que me garante que ela não tá fazendo nada? Então é essa questão de confiança! Que aqui as pessoas têm confiança. Você pode confiar. Eu posso confiar no Jacques! Posso confiar no Valmir! Posso confiar em qualquer um, né? Agora lá fora... eu não confiava. Quando eu trabalhava no mercado, o único amigo que eu tinha era o Ailton. Amigo mesmo! Que eu confiava, nele eu confiava... porque nós tínhamos umas ideias mais ou menos igual!

2.7 O reconhecimento internacional à Copavi

Um outro elemento não menos importante é o orgulho que Alex sentia de viver na Copavi. Essa cooperativa é conhecida e reconhecida não só nacionalmente, mas também em toda a Europa.

— Você pega um livro do Movimento Sem Terra... eu tava lendo outro dia, tá escrito lá: os prêmios que o Movimento conseguiu ganhar... a Copavi tá lá no meio! Então a Copavi... prêmio internacional, né?[96] Você vê o Seu Chicão e a Solange... eles foram

96 Prêmio Internacional à Inovação Tecnológica, concedido em 20 de maio de 2000 pelo Colégio e Associação dos Engenheiros Industriais da Catalunha, Espanha, pelo projeto de secador de frutas por energia solar. O livro citado por Alex é

pra Inglaterra... este pessoal da Espanha que tá vindo aqui... você lá da França! Então é uma coisa que a gente pode mostrar pro mundo, eu acho. Para eles verem que não é só o capitalismo! Porque hoje parece que se o capitalismo acabar, não tem outra saída para o mundo. Eu acho que tem! Outra saída que ia resolver todos os problemas do capitalismo... Por que o que o capitalismo tá gerando? É só problema, problema, problema. Então eu acredito assim né? No socialismo (...) então hoje... hoje eu já conheço outra coisa... uma coisa que pode... aqui dentro da Copavi dar certo!

Alex tem uma explicação sobre o sucesso da Copavi: ele conseguia enxergar a importância de o objetivo inicial ter sido a opção pela vida num coletivo. Em seguida, fez referencia à péssima qualidade da terra, que dissuadiu os militantes de optar por um projeto com lotes individuais. E para finalizar, descreveu a ajuda externa:

— Psicólogo, advogado... todo mundo ajudou! Deu uma foça! O Movimento! Eu acho que o Movimento focalizou aqui porque é um coletivo, uma proposta nova! Então focalizou pra estar dando certo.

Alex se tornou um árduo defensor da experiência coletiva e tentou convencer os militantes que não acreditavam nessa proposta. Isso acabou se tornando um motivo de disputa numa formação de dois meses em agricultura ecológica na escola do MST[97] de Mitacoré, em 2001. De fato, para Alex era insuportável ver que o militante desprezava o seu sonho, sua opção de vida. Após várias discussões, ele conseguiu aceitar a visão do companheiro:

---

um clássico da militância. Repleto de fotografias coloridas, narra a história do Brasil do ponto de vista dos camponeses. Cf. MORISSAWA, Mitsue. *A história da luta pela terra e o MST*. São Paulo: Expressão Popular, 2001, p. 224.

97 Próxima de São Miguel do Iguaçu fica a Escola técnica José Gomes da Silva, do assentamento Antônio Tavares. Seu objetivo é formar militantes Sem Terra em agricultura orgânica. Esse assentamento tem origem na ocupação e em seguida, desapropriação da Fazenda Mitacoré, de 1090 hectares, inicialmente utilizada pelo banco Bamerindus.

— É normal! A experiência coletiva fracassa muitas vezes! Mas não é por isso que a gente vai sair por aí criticando. Teve um rapaz... nós discutimos... a ideia dele era contra o coletivo. Era totalmente contra! Eu fui defender... Daí nos primeiros dias eu nem gostava dele! Depois nós tivemos que conviver. Botaram a gente na mesma brigada. Discutimos e aí ficamos amigos!

Um dos argumentos contrários ao coletivo era de que o coletivo não resiste mais de três anos. Como Alex mostrava que a Copavi já existia há mais de sete anos, o argumento passava a ser de que o coletivo tem o apoio internacional.

— Mas porque tem um apoio maior de pessoas de fora... do Brasil? Porque é uma proposta! Agora... que proposta que é o cara pegar, entrar dentro do lote e ficar dentro da casinha dele lá, tomando chimarrão? Que proposta que tem nisso?

Enfrentar o preconceito e a visão negativa que a sociedade tem do Movimento é parte da rotina dos militantes. Mas para conseguir existir como movimento social, o MST tem que ganhar a confiança e o reconhecimento das cidades.

2.8 Vencer o estigma e alcançar o reconhecimento da população local

O mundo social da Copavi teve que vencer a discriminação da população de Paranacity. É importante analisar como os militantes agiram para ganhar o reconhecimento da população local: com ações simples e pertinentes. Nos atos, ficava explícito os valores caros aos Sem Terra. Devia emergir, ficar visível e palpável uma identidade positiva, plena de sociabilidade.[98] Essas ações eram realizadas nos momentos de convivência das crianças e dos jovens

98 No início, a Copavi tinha uma carrocinha que percorria a cidade vendendo os alimentos a crédito, o consumidor pagando só no final do mês.

com os colegas de escola ou os católicos que também tinham os filhos na catequese. Também com os consumidores dos produtos da horta e dos laticínios, que viam os comerciantes com produtos de qualidade. Esse processo buscando a aceitação e a valorização da população urbana foi lento. Inicialmente, a população de Paranacity não queria aceitar os "estrangeiros"; eles eram percebidos como "forasteiros que só vêm fazer bagunça". As autoridades da cidade decidiram aproveitar a luta dos Sem Terra e tentam direcionar a terra para os pobres "locais", "pegando carona" na contestação. Começou então um conflito que duraria um ano, sempre com a população local estigmatizando os Sem Terra:

— A maior dificuldade que eu tinha quando nós mudávamos de cidade era conseguir integração com o pessoal da cidade. Quando a gente foi pra Guaraniaçu, que eu comecei a estudar na escolinha da comunidade, a gente sentia a rejeição dos alunos, que pareciam pensar: "Esses caras são perigosos!" A gente sentia a discriminação. Não só eu, mas todos os alunos do acampamento, apesar de nós sermos a maioria da escolinha. Porque era uma comunidade pequenininha, né? (...) Só do acampamento eram 100 alunos. Quando fomos pra Ortigueira... na minha sala era só eu. Então, imagina um Sem Terra sentado lá... parecia o E.T. da turma... me sentia mal. Inclusive alguns professores, né? Reacionários! Com aquela ideologia da ditadura na alma ainda, né? Mas tinha alguns professores que ajudavam bastante! Aí consegui superar isso com notas boas, né? Sempre era o melhor da sala! Acho que por causa dessa dificuldade de relacionamento com os demais, o meu negócio era estudar! 99/100... pelo menos com duas pessoas eu conseguia fazer amizade... quando nós chegamos aqui em Paranacity, a mesma coisa! Em 1993, cheguei e já comecei a estudar... Cheguei lá na sala, no primeiro dia todo mundo lá, eu passava no meio do corredor, todo mundo parava o que tivesse fazendo e ficava me olhando passar... Eu tava com 17 anos. Mas como eu já tava acostumado, tinha uma certa tranquilidade... aí eu vim mais bem vestido. a gente vinha de Ortigueira e tinha vendido umas vacas... Quando a gente chegou em Ortigueira não tinha nada, né? Então, como estava mais bem trajado e como já tava acostumado, eu cheguei de cabeça erguida... eu acho que eu fazia por deboche, né? Quando os alunos paravam pra me olhar eu fazia positivo assim, tranquilão![99]

Durante as entrevistas, pude notar que os militantes adoravam jogar futebol com outros Sem Terra, mas não conseguiam jogar com os times de fora. Eles tinham medo do MST, medo de jogar contra os Sem Terra. O padre Roberto foi determinante na organização da primeira partida de futebol. Segundo ele, "o futebol é uma maneira do MST entrar na sociedade".

— Nós conseguimos ter bastante abertura e o que ajudou bastante foi o futebol. Pra mim principalmente ajudou bastante! E pra Copavi também, porque nós ficávamos campeões praticamente em tudo o que é torneio! Eu fui eleito o melhor goleiro em 1993, em todo torneio que tinha. Fiquei com uma fama: "Olhe lá! É o Taffarel!" Isso facilitou bastante a comunicação... a gente jogava à noite, né? O pessoal convidava. Como o nosso time era um time muito disciplinado, muito bonzinho... nós utilizávamos o futebol como forma de integração nossa na sociedade!

Os militantes decidiram ter um comportamento exemplar nessas ocasiões: nenhuma briga, nada de violência, cortesia antes de tudo. A experiência dos sócios da Copavi tornava evidente que a mudança de visão sobre os Sem Terra só é possível quando há encontro de proximidade. No caso da população de Paranacity, essa abertura e apreço aos Sem Terra da Copavi ocorreu depois de encontrá-los nas interações cotidianas.

— A campanha negativa da mídia continua até hoje! O que é que o pessoal da cidade fala? "Se todos os Sem Terra fossem que

---

99 Esta e as informações seguintes foram coletadas na entrevista com Valmir, realizada em 22 de julho de 2002.

nem vocês tava beleza! Vocês são uma coisa! Mas os outros Sem Terra são ruins". Nós somos os Sem Terra bons! Claro que isso é 20% da população de Paranacity! A maioria nem lá nem cá... não tem opinião. E uns 20% apoiam totalmente o MST. É isso o que a gente sente.

Alguns anos mais tarde, já com uma farta produção de hortaliças e de leite, a Copavi organizaria uma feira na cidade. A prefeitura se juntou a essa iniciativa inédita. Até então, a população não tinha o costume de ir à feira. Ela seria organizada duas vezes por semana (quartas-feiras à noite e domingo de manhã). Na feira, os militantes iam sempre com seus bonés e camisetas do MST.[100]

2.9 O apoio da Igreja dos pobres e do poder local

A luta pelo reconhecimento local alcançou um ponto de não retorno em abril de 1993, num ato político e religioso organizado por 22 padres da região e a direção do MST. Pela primeira vez, a população pôde atestar que os Sem Terra eram apenas famílias, sem nenhum sinal de violência ou de vagabundagem.

Segundo Valmir, reuniram-se aproximadamente "umas 3 mil pessoas".

— O padre Roberto foi que organizou o evento. Ele conseguiu convencer o bispo da região a participar do ato. Paranacity nunca tinha visto tanta gente assim reunida. O bispo foi lá na frente da igreja, pôs o boné MST e pegou a bandeira do MST. Veio liderança do MST de todo Estado. Os discursos dos políticos do PT, deputados. Aí a sociedade deu uma abertura enorme. Foi feito o ato lá na frente da igreja! A população toda de Paranacity participando.

---

100 Entre 2000 e 2003 participamos, com Ildo, da feira em Irajá e em Maringá. Os militantes sempre se deslocavam usando os símbolos do MST.

Pra terminar, foi feita uma caminhada até o acampamento. Acho que Paranacity inteira desceu até o acampamento! Cada um ficou no seu barraco e apresentou seu barraco pro pessoal.

Alguns acontecimentos demonstraram que a população de Paranacity aceitou os Sem Terra da Copavi. Sacola foi eleito vereador em 2000, numa coligação entre o PT e o PL e, em 2004, foi reeleito pelo PT. A festa de 10 anos da Copavi, em 27 julho de 2003, marcou os espíritos, num momento vivido com emoção e reconhecimento pelo público presente. Uma grande parte dos habitantes de Paranacity foi até o assentamento. Nessa ocasião, ficou patente a capacidade dos militantes em reunir e em alimentar 600 pessoas (entre as quais uma dezena de italianos em missão no Brasil). O prefeito fez o discurso, no qual se percebia sua admiração:

— Amanhecer com os Sem Terra nesta propriedade foi um grande impacto para a nossa comunidade. Logo, entretanto, vimos tratar-se de homens e mulheres acostumados ao trabalho duro, a pegar no pesado. Foi com vocês que passamos a entender o verdadeiro sentido e os objetivos da reforma agrária. Antes da ocupação, essa terra era só quiçaça, matagal e erosão, totalmente improdutiva. O cenário hoje é bem diferente: vários investimentos implantados, a produção generosa, famílias trabalhando e vivendo com dignidade. Os produtos da Copavi já ganharam espaço no mercado consumidor, levando o nome de Paranacity para bem longe. (...) As famílias estão perfeitamente integradas e participam ativamente da vida comunitária de Paranacity, quer dos conselhos municipais, dos eventos sociais importantes que aqui acontecem, política, administração municipal, tanto assim que já tem um representante na Câmara Municipal, o atuante vereador Sacola. O exemplo mais eloquente dessa participação foi a cessão de uma faixa de terra para a construção do contorno que possibilitou o desvio de caminhões pesados que há muitos anos transitavam por dentro da cidade. Aos nossos companheiros e amigos do Assentamento Santa Maria, de Paranacity, os nossos parabéns pelo notável exemplo de luta e de trabalho em favor de uma causa tão justa que é a reforma agrária.[101]

2.10 Resolver os conflitos internos... com ajuda de um psicólogo

Todo agrupamento humano é permeado de conflitos. O conflito é, antes de tudo, uma forma de sociabilidade. De fato, graças ao conflito, as sociedades podem existir ao longo do tempo. Com diz G. Simmel, "a essência da alma humana é de não se unir às outras almas por um único fio".[102] As dificuldades da vida associativa em torno da propriedade coletiva são enormes, gerando inúmeros conflitos.

O número de famílias que já foi embora desde o início do projeto mostra que não é nada fácil viver sob o olhar dos vizinhos.[103] Durante alguns anos, a Copavi contou com a ajuda de um psicólogo voluntário. Segundo as informações coletadas, a ajuda de um agente externo foi importante na resolução de algumas crises.[104] Aceitar os seus conselhos, além de se abrir à sua avaliação, mostra uma abertura de espírito das famílias. De fato, havia a vontade de encarar os problemas de frente, mesmo que isso implicasse mudar as regras da cooperativa. O objetivo era "conseguir viver o projeto coletivo", procurando falar "do que doía" em cada um dos sócios, sem medo de não ser compreendido.

---

101 Discurso de Fidel, prefeito de Paranacity, em 2003.

102 Tradução livre. Cf. SIMMEL, George. *Le conflit*. Paris: Circé "Poche", 1995, p. 28.

103 Em 2000, uma grande parte das famílias pioneiras foi embora, preferindo morar em assentamentos com lotes individuais.

104 Anos mais tarde, encontramos o e psicólogo finlandês, Pertti Simula, na França, num encontro dos Amigos do MST da Europa. Sua participação na Copavi se deu com o apoio da direção do MST do Estado do Paraná.

2.11 A luta é importante; a família é mais

Observei que o engajamento dos militantes da Copavi podia suscitar, às vezes, conflitos familiares. Muitos quadros do MST eram solteiros ou divorciados;[105] os casais tinham dificuldade de conciliar a vida íntima e a vida no coletivo. Na cooperativa, muitos conflitos surgiam quando um dos membros sentia que seu esposo (ou esposa) dava mais tempo à luta do Movimento do que à sua família, fenômeno mais visível entre as mulheres.

— Eu tenho no sangue que eu tenho que trabalhar o coletivo, tenho que fazer de tudo (...) para ajudar a construir o coletivo. (...) A gente tem que participar da luta, a gente tem que ter a luta no sangue, mas a gente tem que levar as duas coisas! Se a gente é sozinho, se eu não tenho filho, não tenho marido, tudo bem, né? Eu posso ir pra onde eu quiser, a hora que eu quiser! (...), mas se eu tenho uma família, essa família precisa de uma estrutura, precisa de uma base! E nas vezes em que alguém esquece disso, eu disse: "As duas coisas devem andar juntas!" Você não pode abandonar totalmente a família! Você não pode! (...) Então às vezes ficava 15, 20 dias que você não via ele. E eu permanecia com as crianças aqui, né? (...) Nós tivemos vários conflitos com isso, porque eu cobrava: "Tem que participar da luta! (...), mas não 100% lá e esquecer do resto".[106]

Os casais buscaram negociar e um compromisso pôde ser estabelecido. A ajuda do psicólogo foi fundamental nos conflitos no interior das famílias. Porém, sua atuação foi determinante também na resolução dos conflitos internos, ou seja, no processo de maturidade de cada sócio.

---

105 Durante a pesquisa, encontrei muitos quadros do MST solteiros ou divorciados. Um fenômeno bastante comum. Encontrei também um militante que tinha abandonado a Igreja para poder se dedicar ao Movimento.

106 Essa informação e a seguinte foram coletadas na entrevista com Célia, realizada em 27 de julho de 2002.

— Eu já me desanimei muitas vezes... quando eu engravidei deste bebê que a gente perdeu... Natalino teve doente, fez uma cirurgia (...). Passamos um momento muito difícil! Quando o bebê tava com dois meses, nós perdemos o bebê... pensei muito em ir embora (...) mas depois, conversando com o Pertti, aquele psicólogo que fez acompanhamentos aqui... logo que eu perdi o bebê, ele veio. Eu tava muito abalada. Aí eu falava pra ele que eu queria ir embora. Daí ele perguntava pra mim "Pra onde você quer ir?" Eu dizia: "Não sei... quero sair daqui!" Parecia que era o lugar... tudo o que tinha acontecido. Aí ele falou: "Não! Você pode ir onde você for... não vai adiantar nada! Você não vai esquecer... não é o lugar! Tinha que acontecer mesmo!" Não foi fácil... esquecer eu nunca vou esquecer. Isso pode passar 10 ou 30 anos... ele está sempre na minha cabeça. Mas com o tempo tu vai superando. Assim, conversando bastante... a gente superou. Depois eu saí da atividade do leite... que era bastante estressante (...). Natalino se dedicava mais à questão da cooperativa e acabava deixando de lado um pouco a gente. Questão das crianças... eu mesma. Depois que nós perdemos o bebê... com a vinda do Pertti aqui, ajudou muito! Natalino mesmo diz que tudo isso que ele mudou ele deve ao Pertti!... A gente conversava muito quando ele vinha aqui... E hoje ele é outra pessoa! Mudou completamente! Claro, não deixa de lado as coisas da cooperativa..., mas ele tem o tempo da casa.[107]

A tensão entre o tempo consagrado ao coletivo e aquele dedicado à família é uma fonte de conflito, mas também pude verificar conflitos ligados à diversidade dos interesses dos sócios. O diálogo e a flexibilidade foram fundamentais para a sobrevivência do coletivo.

107 Entrevista com Terezinha, realizada em 19 de setembro de 2001.

2.12 Seguir a regra geral sem prejudicar o bem-estar de cada associado

Um outro conflito surgiu da tensão entre o bem-estar de cada sócio e o bem coletivo. Um exemplo foi a divisão dos produtos da Copavi. Na sua fundação, os sócios optaram por adotar comportamentos similares, visando à igualdade das famílias. Dessa forma, o consumo de cada família era registrado, tornando público o que cada família consumia na sua intimidade. Com o tempo, essa situação ficou insustentável: muita intriga sobre esse consumo começou a afastar os sócios. Tomaram consciência que, para viver juntos e fazer frutificar o projeto coletivo, era necessário abolir essa regra. Exigir que o consumo fosse igual para todos gerava desconfiança. Ou seja, essa regra impedia o coletivo de confiar na capacidade de cada um de agir pelo bem comum. A partir de então, os militantes decidiram "fechar os olhos" sobre os assuntos íntimos. Pouco a pouco o ambiente de confiança se instalou, acabando as intrigas e os mexericos.

— A pessoa ficar discutindo coisas mínimas... coisinhas assim que não leva a nada... Isso teve muito! No começo nós sofremos muito com isso! Pessoas que ficavam discutindo o particular... assim: "Se o fulano levou tanto, eu tenho que levar tanto! Se o fulano pegou isso eu tenho que pegar isso! Se fulano pegou 2 litros de leite... mesmo que eu não vou consumir... eu tenho que levar 2 litros de leite!" Hoje não... hoje você vai lá na horta, você tira o que você quiser, pega o que quiser. Você vai lá no laticínio e você pega o que você quiser. O tanto que você quiser, não importa se o teu vizinho levou tanto pra casa, não importa (...) aí o café da manhã também! Era 7h30! Nós tínhamos o café da manhã e era especificado: "Quem chegar depois das 7h não toma mais café!" Aí virou uma picuinha... porque daí um chegava 7h30 e tomava café. Aí guardava o café na cozinha. Os outros chegavam às 8h, entravam lá na cozinha e tomavam café. "Por que eu tenho que chegar às 7h30?" Aí virou um estresse! De horário... Ninguém aguentava mais. Aí virou uma picuinha... esse negócio de cumprir horário assim... deixa a pessoa muito estressada. Principalmente as mulheres que tinham as crianças... Virou uma coisa que não dava mais pra conviver. O que nós fizemos? Deixa livre! Quem quiser tomar café às 9h vem, quem quiser vir e trabalhar um pouco e depois vir tomar café, vem. Aí tinha aquela reclamação: "Eu não posso tomar café de manhã, porque eu não tenho fome. Só me dá fome às 9h!" Aquelas coisas que sempre tem. O ser humano tem... Toma a hora que quiser... Quer tomar em casa? Toma em casa! Desde que organize o setor... Deixa tudo acertado pra que amanhã na hora de pegar o serviço essas pessoas já sabem onde elas vão trabalhar. E foi onde acabou o estresse.[108]

Esse exemplo mostra a necessidade de estabelecer uma fronteira entre o que é público e os assuntos que devem ficar na esfera do privado. A invasão do espaço privado de cada um em nome da transparência dos hábitos e a rigidez do horário causou uma tensão insuportável e foi necessário mudar as regras. Entretanto, quando os assuntos particulares colocam em perigo o projeto coletivo de "viver em harmonia", os militantes aplicam as regras da Copavi. A história de uma jovem sócia, filha de um sócio fundador, é um exemplo desse cuidado. Em 2000, após vários episódios de brigas físicas com seu namorado,[109] o coletivo tomou a decisão de requisitar a casa onde ela morava com os filhos. Ela teria que ir morar na casa do pai, e acabou partindo para outro assentamento.

— Porque é uma coisa imperdoável. Por exemplo, um companheiro agredir o outro fisicamente, agressão física, derramar sangue, alguma coisa assim, é imperdoável! Não tem... é uma das normas. Então aconteceu isso aqui... Dentro disso a gente fica se perguntando: tem o lado humano, o lado que você sente e tal..., mas daí você para pra pensar... você vê que pra nós tem que ser assim. Por exemplo, no coletivo tem que ter estas normas, porque

---

108 Entrevista com Célia, realizada em 19 de setembro de 2001.

109 Irmão de um sócio, não sendo ele mesmo sócio.

senão você acaba perdendo o controle da coisa e no fim acaba... acaba destruindo tudo, se acabando.[110]

Aqui vemos que a prioridade não foi a família, mas a regra da Copavi. Essas provas são vividas com muita emoção e com muitas discussões. Frequentemente, o que leva o sócio a tomar a palavra é o sentimento de injustiça:

— Às vezes a gente tem que brigar! Pois é um direito... Não tem como ficar quieto! Às vezes tem companheiro que não gosta... você ali, sendo insistente. Mas eu sou assim! Eu sou insistente! Mesmo que eu vejo que não estão gostando... mas só que pelo certo a gente tem que ser insistente! Tem que brigar! Mas saindo da discussão a gente tem que ser amigo de novo. Não podemos ficar inimigos.[111]

Pode-se notar que os militantes tomam a palavra num ato de responsabilidade, ou seja, aprenderam que é importante refletir antes de dar seu ponto de vista. Com a experiência, aprendem a organizar o discurso para que o mesmo seja coerente e objetivo.[112] As reuniões são os locais privilegiados para lançar os problemas, tornando-os visíveis para o conjunto de sócios. Um exemplo polêmico foi a decisão de construir um campo de futebol. Havia dois pontos de vista que se opunham. Investir num tipo de laser para as famílias ou esperar a cooperativa ter mais dinheiro em caixa. Durante três anos os sócios mantiveram discussões calorosas sobre o tema. Até o momento da decisão, não houve consenso absoluto.[113]

— Essa questão do campo de futebol era uma questão financeira. Não tinha dinheiro. Daí foi aquela polêmica. Chegou

---

110 Entrevista com Afonso, realizada em 20 de setembro de 2001.

111 Entrevista com Seu Vitinho, realizada em 20 de setembro de 2001.

112 Informação obtida durante a entrevista com Célia, realizada em 19 de setembro de 2001.

113 Valmir observa que 25 pessoas votaram a favor da construção do campo, e quatro foram contrárias.

por fim é a maioria que decide. Pode ter três que dê contra, mas se der a maioria a favor... vai pela maioria. Então é isso que nós temos aqui hoje... a maioria é que decide... Por mais que às vezes seja uma coisa que não vai beneficiar todo mundo. Ou que às vezes não seja certo... mas quem decide é a maioria! E a maioria aprovou que teria que fazer o campo! E se fez! Já está pago!

Abordar e debater a questão do campo de futebol foi importante para consolidar a união das famílias. Apesar da oposição do Presidente e da tesoureira a esse investimento, muitos militantes se expressaram, deixando claro o seu desejo de ter um campo de futebol.

— Eu sempre insistindo: "A gente continua aqui sem lazer! A Jofran não tem nem garantido a área e já tem campo!" Eu toquei a faca na barriga deles... pus contra a parede... As mulheres e a piazada. Não tinham lazer. Só os homens é que iam jogar. Tendo o campo, até as mulheres podem jogar bola. As meninas jogam. Daí a turma achou que teve fundamento o que eu falei. "Nossa cooperativa é pra ser um modelo, mas nós não temos nem lazer! Que modelo é esse? A gente tem que se deslocar pra ter lazer?" Aí foi aprovado... o campo já está pago![114]

Essas discussões das reformas ou obras da Copavi foram possíveis porque foi priorizado um tempo, em horas de reuniões. Mas o costume de passar a priorizar o bem comum como se fosse a sua própria família é uma transformação que pode levar uma vida inteira.

2.13 A dificuldade de sair da lógica individualista

Em 2003, na festa de 10 anos da Copavi, o discurso de Solange, Presidente da Copavi, deixou claro o sentimento dos sócios: "O mais difícil foi sair da ideia do *meu*! Passar à ideia do

---

[114] Entrevista com Seu Vitinho, realizada em 19 de setembro de 2001.

nosso! Para o bem de todos os sócios! Mudar a cabeça! Pra nós, a mudança mais difícil foi esta!"[115]

Como a política da Copavi era de usar os créditos para investir na produção agrícola, alguns decidiram ir embora, frustrados, pois queriam começar construindo as suas casas.[116] A decisão de trabalhar em algumas atividades também foi uma fonte de tensão. Havia uma recusa em trabalhar no refeitório. Desde o início, fazer a comida e fabricar o pão foram atividades femininas na cooperativa. Constatamos que neste setor havia uma grande rotatividade da mão de obra. Também algumas mulheres testemunharam sua insatisfação de trabalhar no refeitório. Na cultura brasileira, sobretudo nos meios mais populares, há um preconceito de ver o homem na cozinha. Por outro lado, durante três séculos a cozinha foi o espaço das mulheres escravizadas – um espaço que esteve sempre associado ao trabalho servil.[117]

Também o trabalho de se ocupar dos animais não era valorizado. A responsabilidade pela criação de frangos e suínos era de Seu João em 2003. Percebemos que esse trabalho não lhe dava satisfação. Era uma atividade sem importância para os sócios, pois não dava lucro e assim decidiram orientar a criação destes animais só para o consumo das famílias. Porém, as dificuldades de seu João nessa atividade foram canalizadas, ele pôde sentir que fazia parte do grupo, que modestamente, ajudava a Copavi.[118]

---

115 Notas do jornal de campo.

116 Visitei uma família que tinha deixado a Copavi e que continuava ligada ao MST. A casa era nova e confortável, num assentamento de lotes individuais.

117 "A conversa não chegou à cozinha" é uma expressão típica da percepção da "cozinha" no Brasil. Cf. BLEIL, Susana. *Mudança de hábitos a partir da industrialização agroalimentar*. Rio de Janeiro: CPDA/UFRRJ, 1998 (Tese de Mestrado).

118 Na mística (capítulo III), Seu João aparece com um porquinho nos braços, parecendo orgulhoso do fruto do seu trabalho.

Em outro tema, "aceitar a vontade da maioria" só foi possível avançar graças à formação e a um processo de maturidade dos sócios na convivência de todos os dias. Não foi automático. A capacidade de viver numa atmosfera política e democrática é diretamente ligada ao comprometimento que se tem com o Movimento. Essa é a política que orienta as escolhas da cooperativa.[119]

— Eu trabalhava na roça, no individual. Nunca no coletivo! É difícil até acostumar... mas depois a gente tem que... com o decorrer do tempo, a gente vê que tem fundamento. Não é como num terreno onde eu decido e pronto. Vou plantar milho e pronto! Aqui não é assim... Tem que ir pra uma discussão, uma assembleia pra definir o que vamos plantar, num determinado lugar... vence a maioria! A minoria que perdeu tem que aceitar! É aquilo e pronto! Ninguém pode achar ruim.[120]

Entretanto, os militantes parecem compreender que o engajamento é algo que não se pode exigir do outro, cada um responde segundo a sua maneira de ser.

— A dificuldade grande é essa, de assimilar a ideia do coletivo! Tipo assim, você tem um sonho de você ter o teu pedacinho de terra onde você tem a tua vaquinha, a tuas coisinhas e tal... Este é o sonho! E pra você passar pro coletivo você tem que abrir mão de tudo isso. E daí você passa a ter uma certa... dúvida... tipo assim "Você vai pro coletivo... mas e daí? Eu não vou mais essas coisas, não vai ser desse jeito. Vai ter que ser diferente!" Então, eu acho assim que a maior resistência hoje das pessoas, não aceitar o coletivo, é a dúvida de como vai ser... quer dizer você não tem, claro! Então pra mim é uma questão de formação![121]

---

119 Alguns sócios explicam que algumas famílias vão embora porque "o coletivo não é pra todo mundo": algumas pessoas demonstram mais capacidade de aceitar a vontade da maioria.

120 Entrevista com Seu Vitinho, realizada em 19 de setembro de 2001.

121 Entrevista com Natalino, realizada em 19 de setembro de 2001.

Luiza é um exemplo da liberdade dos militantes para se engajarem ou não. Em 2001, ela decidiu partir da Copavi para visitar um dos seus filhos, em Cascavel. Após três meses de ausência, ela resolveu voltar à Copavi. De acordo com as regras, uma partida sem discussão prévia é motivo de expulsão. Mas o Conselho Deliberativo decidiu não aplicar a regra, pois a sua família era muito comprometida com o MST. Ela foi advertida e, por um ano, não teria direito a voto na assembleia geral. Porém, os sócios perceberam que, no seu retorno, ela não desejava mais participar das atividades da cooperativa. Queria trabalhar em casa, como costureira. Após muitas discussões no Conselho Deliberativo, ela finalmente aceitou participar. Seria apenas um período do dia dedicado às atividades da Copavi. Nas entrevistas, ela relatou que sentiu aquilo como "uma obrigação", deixando claro que "não se comprometeria" com o trabalho. Os outros sócios também perceberam isso, mas não foi um problema que pudesse separar o grupo; foi a maneira encontrada para poder continuar juntos. Nas entrevistas percebi que os sócios evitam ao máximo fazer disso um motivo de mexerico.

Uma coisa os militantes compreenderam: toda crítica feita pessoalmente, fora do espaço de uma reunião, ou seja, não sendo política, pode destruir a vida no coletivo. A crítica deve existir, mas somente no espaço em que ela é feita de forma objetiva e coerente, evitando a acusação frontal, pessoal. Em 2003, essa militante tomou a decisão de ir embora, e foi morar na cidade, com seu marido e um dos filhos. Dois outros filhos vão continuar na Copavi.

Com esses exemplos observa-se que, diante dos conflitos, os militantes podem agir de forma fraternal e ao mesmo tempo, priorizar o aspecto político. Por um lado, os sócios demonstram uma grande flexibilidade, fazendo acordos e aceitando mudar as regras estabelecidas. Por outro lado, instituem um espaço público no centro do coletivo ao orientar a crítica aos espaços onde ela pode ser controlada, evitando todo rumor ou mexerico. Acreditam que as divergências devem se tornar visíveis, mas debatidas nas reuniões, evitando todo excesso emocional e ataques pessoais. Este é o compromisso para evitar entrar num círculo de violência e apaziguar os conflitos, orientando-os a uma resolução coletiva e política.

COPAVI

CAPÍTULO III

A MÍSTICA: CONSTRUIR E VIVER O SONHO COMUM

> O Cristo não veio propor um modelo cultural. Ele não estabeleceu um dogma rígido, nem uma moral sem coração. Mas ele veio criar uma atmosfera, um amor e uma reciprocidade que precisam se realizar em todas as situações, em todos os modelos sociais e em todas as estruturas religiosas e morais.[122]

> A mística nada mais é do que desenvolver em nós a capacidade de fazer o extraordinário se tornar cotidiano. Este é o mistério que está em cada ato que somente quem o desenvolve terá capacidade de interpretá-lo.[123]

Já se destacaram, neste livro, certos paradoxos relacionados à ação coletiva do MST. Como se sabe, é muito difícil viver em um estado de *paz permanente*. Com o passar do tempo, grupos de ação

---

122 Tradução livre. BOFF, Leonardo. *Jésus-Christ libérateur*: Essai de christologie critique. Paris: Cerf, 1974, p. 49.

123 BOGO, Ademar. "A formação ideológica dos camponeses". *In*: MST. *Enfrentar os desafios da organização nos assentamentos*. Cadernos de Cooperação Agrícola nº 7. São Paulo: Concrab, 1998, p. 23.

coletiva terminam por separar-se devido às divergências internas. O sentimento de formar uma família nunca está garantido de uma vez por todas, e deve ser continuamente reforçado por ações que expressam sentimentos de amor, união e fraternidade. A coesão de um grupo é, de fato, fruto de um verdadeiro trabalho, no qual é necessário fazer o grupo acreditar na existência de um "nós", enquanto tal, e, em seguida, na necessidade de sua própria existência para realizar algo coletivamente.

Pode-se dizer que a sobrevivência de um grupo ao longo do tempo apoia-se, em grande medida, na capacidade de seus membros acreditarem que são iguais entre si e que têm um poder sagrado para agir em prol de seus objetivos. Para o MST, formar a comunidade é mais do que uma questão de educação política, fundada sobre uma teoria que visa à formação dos membros da organização no interior de seu programa político e de seus princípios. Sem dúvidas, essa formação é muito importante. Mas, paralelamente a essa "escola de cidadania", o Movimento criou rituais para celebrar a luta e forjar um espírito de comunhão entre seus integrantes. Tornar-se militante do MST não consiste unicamente, portanto, em ocupar terras e assumir tarefas coletivas, operações realizadas pelos atores a fim de alcançar uma *existência pública*. Um grupo não poderia vir a ser visível para determinado público sem enxergar a si mesmo enquanto grupo. Nesse processo, os membros do grupo devem compartilhar a convicção de que constituem uma comunidade e de que se fundem em um só "nós", aconteça o que acontecer. Essa comunidade deve acreditar que sua luta não apenas é justa, como tem, por meio da mobilização, a possibilidade material de conseguir transformar a sociedade. Em outras palavras, o "nós" precisa acreditar que é possível chegar lá. Os membros do MST souberam encontrar momentos para estar juntos, ao criar uma atmosfera lúdica que rompesse com a vida cotidiana. Esses momentos, inspirados por sentimentos de amor, são chamados pelo termo genérico de "místicas".

3.1 Marco histórico e uso político das celebrações

Cada grupo busca encontrar maneiras originais, e às vezes secretas, de costurar laços de amizade e gerar uma força para perseguir seus objetivos. Para Émile Durkheim, sabe-se que nenhuma instituição pode prescindir desses momentos lúdicos, marcados pela vivência prática da fé e dos ideais coletivos.

> Já vimos como a Revolução Francesa instituiu todo um ciclo de festas para manter num estado de perpétua juventude os princípios nos quais se inspirava. Se a instituição logo periclitou, é que a fé revolucionária durou pouco, é que as decepções e o desânimo rapidamente sucederam ao primeiro momento de entusiasmo.[124]

Eric Hobsbawm também mostra como o aspecto ritual e cerimonial das associações humanas sempre existiu. As fraternidades ritualistas eram, ao mesmo tempo, "seitas religiosas" e "associações políticas".[125] Esses rituais fabricavam um espírito de corpo, um sentimento de união, cuja potência se assemelhava àquela das ordens religiosas. Na Europa, as celebrações foram muito importantes até 1830. Progressivamente, sob a influência do racionalismo iluminista, o movimento operário instituiu práticas democráticas e laicas, afastando toda forma de celebrações praticadas pelas corporações de ofício no Antigo Regime. O historiador conclui que os movimentos sociais modernos são surpreendentemente desprovidos "de um ritual deliberadamente elaborado.

---

124 DURKHEIM, Émile. *As formas elementares da vida religiosa*: o sistema totêmico na Austrália. Trad. Paulo Neves. São Paulo: Martins Fontes, 1996, p. 474.

125 Tradução livre. Cf. HOBSBAWM, Eric. *Rebeldes primitivos*: estudio sobre las formas arcaicas de los movimientos sociales en los siglos XIX y XX. Tradução para o espanhol de Joaquín Romero Maura. Editor digital: Titivillus, 1983, p. 81.

Oficialmente, o que mantém seus membros unidos é o conteúdo, não a forma".[126] Hobsbawm está, contudo, longe de afirmar que os sindicatos e partidos políticos não tenham rituais.

> Quando o plano original dos fundadores ou líderes não leva isso em consideração, o ritual tem a arte de surgir espontaneamente, ainda que pela simples razão de que os seres humanos gostam de ritualizar e formalizar seus relacionamentos. As manifestações, cujo objetivo original nos movimentos operários era utilitário – vangloriar-se da força coletiva dos trabalhadores contra seus adversários e estimular seus apoiadores pelo mesmo processo – tornam-se cerimônias de solidariedade cujo valor, para muitos participantes, reside tanto na experiência de comunhão, quanto em qualquer outro objetivo prático que possam ter estabelecido. Todo um conjunto de rituais pode surgir: faixas, bandeiras, cantos coletivos etc. (...). Mas o fato de os homens darem um significado ritual às suas ações, de modo que, por exemplo, a renovação anual das células do partido em alguns partidos comunistas dê origem a um ato muito mais solene do que a mera entrega de um novo pedaço de papelão, é de importância secundária. O que mantém os comunistas unidos é o conteúdo do partido ao qual se filiam; o que mantém os democratas estadunidenses unidos não tem nada a ver com o circo de suas convenções quadrienais.[127]

Entretanto, basta olhar para a arena pública política para perceber que os variados símbolos, rituais e dramaturgias estão ligados à atividade política nas sociedades humanas contemporâneas,

---

126 Tradução livre. Cf. HOBSBAWM, Eric. *Rebeldes primitivos*: estudio sobre las formas arcaicas de los movimientos sociales en los siglos XIX y XX. Tradução para o espanhol de Joaquín Romero Maura. Editor digital: Titivillus, 1983, p. 81.

127 Tradução livre. Cf. HOBSBAWM, Eric. *Rebeldes primitivos*: estudio sobre las formas arcaicas de los movimientos sociales en los siglos XIX y XX. Tradução para o espanhol de Joaquín Romero Maura. Editor digital: Titivillus, 1983, pp. 81/82.

como atesta Marc Abélès: "A pompa e o cerimonial acompanham toda demonstração de poder e autoridade, e contribuem para a espetacularização da ordem política. O espetáculo parece ser, portanto, uma dimensão consubstancial da ordem política".[128]

Todos esses elementos nos fazem, por diversas razões, levar a *mística* a sério. Primeiramente, pela importância do célebre teorema do sociólogo estadunidense William Thomas, segundo o qual "se os homens definem certas situações como reais, elas são reais em suas consequências". Para Thomas, assim como para Znaniecki, a definição de uma situação apresenta-se de maneira recíproca, e os homens agem a partir dessas definições.[129] Some-se a isso o espírito da investigação inaugurado por Jeanne Favret-Saada, segundo o qual todas as ações dos atores têm seu próprio sentido. O trabalho do pesquisador é, assim, o de compreender experiências, sem jamais julgar sua veracidade. Para realmente entendermos o campo, devemos "entrar" no mundo que desejamos estudar.

> Dizer, em efeito, que estudamos as crenças da feitiçaria é negar-se, de antemão, a possibilidade de reconhecer nelas qualquer verdade: se é uma crença, não é verdade. Assim, os folcloristas nunca se questionam, acerca dos camponeses, "o que eles estão tentando fazer durante uma crise de feitiçaria?", mas simplesmente "o que eles estão escondendo?", deixando-se cair na tentação do "segredo" de curandeiro, essa engenhoca local cuja descrição é suficiente para satisfazer a curiosidade do estudioso: a feitiçaria, portanto, nada

---

128 ABÉLÈS, Marc. "La mise en représentation du politique". *In*: ABÉLÈS, Marc; JEUDY, Henri-Pierre (Coord.). *Anthropologie du politique*. Paris: Armand Colin, 1997, p. 247. Cf. "Não existe movimento político, partido ou regime, que não tenha feito uso de uma série de atos solenes, repetitivos e codificados, com ordem verbal, de gestos ou de posturas, com forte apelo simbólico". (RIVIÈRE, Claude. *Les liturgies politiques*. Paris: PUF, 1988, p. 7). Tradução livre.

129 THOMAS, William Isaac; ZNANIECKI, Florian. *Le paysan polonais en Europe et en Amérique*: Récit de vie d'un migrant. Paris: Nathan, 1998.

> mais era do que uma coleção de receitas irrisórias (ferver o coração de um boi e ali espetar mil alfinetes etc.)?[130]
>
> Um preceito da antropologia britânica – talvez o único em nome do qual eu possa me dizer etnógrafa – é que o nativo tem sempre razão, o que leva o investigador a direções imprevistas.[131]

A mística inscreve-se, portanto, nessa série de rituais políticos descritos por diversos pesquisadores. Mas devemos nos atentar para seus aspectos singulares e, como recomendado por Favret-Saada, a mística me levou para uma "direção imprevista". Não podemos esquecer que a esfera pública brasileira sempre trabalhou e esteve intimamente relacionada ao mundo religioso.[132] No Brasil, políticos, escritores e jogadores de futebol, entre outros, falam abertamente sobre sua fé, sem qualquer constrangimento e, geralmente, com certo orgulho. É o caso, por exemplo, de Jorge Amado que professava publicamente sua fé nos orixás da religião afro-brasileira do Candomblé.[133] Esse vínculo direto com a espiritualidade é ainda mais importante para os membros do MST, uma vez que o Movimento nasceu no coração da Igreja Católica. A prática da mística, a celebração de seus ideais, é um repertório essencial na vida desses camponeses imersos numa atmosfera de fé. Estudá-la, portanto, foi uma consequência direta de minha observação empírica, e busquei compreender o significado dessa prática e sua função na construção de uma comunidade.

---

130 Tradução livre. Cf. FAVRET-SAADA, Jeanne. *Les mots, la mort, les sorts*. Paris: Gallimard, 1977, p. 17.

131 Tradução livre. Cf. FAVRET-SAADA, Jeanne. *Les mots, la mort, les sorts*. Paris: Gallimard, 1977, p. 31.

132 BASTIDE, Roger. *Les religions africaines au Brésil*. Contribution à une sociologie des interpénétrations de civilisations. Paris: PUF, 1998.

133 "(...) Sendo que Mãe Menininha e o autor aqui presente, ainda por cima somos os dois de mais além, do reino de Ketu, das areias de Aioká, somos de Oxóssi e de Oxum. Axé". Cf. AMADO, Jorge. *Tereza Batista cansada de guerra*. São Paulo: Martins, 1972 (página introdutória).

3.2 O significado da mística

Inicialmente, algumas considerações são necessárias sobre a terminologia da palavra "mística",[134] que, para os Sem Terra, representa ao mesmo tempo um sentimento e uma celebração. Para João Pedro Stedile, a palavra "mística" não consegue transmitir plenamente nem o significado da celebração, nem aquele do sentimento que ela representa. Segundo ele, o melhor seria usar o termo *mistério*, de origem latina, pelas seguintes razões:

> Não é o mistério que está ligado ao desconhecido. Mas o mistério dos sentimentos... de tudo que está no interior da pessoa e que não está visível. (...) Na realidade, a mística é cultivar um ideal. E como você pode cultivar um ideal? Para começar, você precisa ter um ideal. Uma pessoa, individualmente, pode ter um ideal... encontrar um amor, (ter) uma casa nova (...) no caso do MST, temos um ideal, um sonho coletivo. Qual é o nosso sonho coletivo? (...) Fazer, um dia, a reforma agrária, para dividir toda a terra; constituir uma sociedade onde a gente possa viver como iguais; uma sociedade onde todos possam ter a oportunidade de viver em boas condições; uma sociedade onde todos possam ter acesso à educação. Ou seja, nosso sonho é de viver numa sociedade justa! (...) A mística é cultivar este ideal. Mas tu não cultivas ideal com... com banalidades... ou com palavras soltas! Cultivar um ideal se faz com símbolos, com práticas sociais. E a mística é isso! (...) é a liturgia de cultivar um ideal. (...) E nós cultivamos nosso ideal com as nossas músicas, com a nossa bandeira, com as celebrações que permitem que a gente fique mais unido, com as palavras de ordem que nos unem! A nossa bandeira é uma

---

134 No glossário da obra de Leonardo Boff, a palavra "mística" é definida como: "o que expressa o conhecimento intuitivo e experimental do mistério de Deus. (...) Uma ideia poderosa capaz de animar a ação até os atos heroicos". Cf. BOFF, Leonardo. *Caminhar da igreja com os oprimidos*: do vale de lágrimas rumo à terra prometida. Petrópolis: Vozes, 1988, p. 349.

> imagem do nosso ideal. Ela não é só um pedaço de pano! Por exemplo, quando tem uma ocupação e que você vê a bandeira do MST... Tu te sentes membro do grupo, tu te sentes com uma identidade comum. Porque tu sabes que o grupo tem o mesmo ideal que você. E, neste momento, tu ficas contente, tu exteriorizas teus sentimentos. Em todas as atividades coletivas que a gente realiza no MST, a gente tem sempre este objetivo de cultivar este ideal.[135]

O dirigente oferece, aqui, uma definição do termo que poderia, talvez, ser sintetizada nas palavras "cultivar" e "sonho coletivo". Ele refere-se à mística como uma celebração, na qual os atores elegem ações que tornam visíveis seus sonhos e sua identidade, ou seja, "aonde eles querem ir" e "aquilo que eles são". O que emerge dessas observações é a ideia de que, para o líder do MST, um ideal coletivo não pode permanecer vivo e presente no horizonte do possível sem a prática da celebração coletiva. Como todo sonho, ele não tem uma existência real, e é justamente essa ausência de materialidade que o torna vulnerável e instável. É necessário, então, cultivá-lo e mantê-lo periodicamente. Entretanto, para que esse ritual não seja um ato mecânico, e para que ele possa adquirir um significado para os indivíduos que o praticam e para aqueles que o observam, é necessário construir uma atmosfera amorosa e espiritual, com o objetivo de dar transcendência à experiência coletiva, falando ao coração das pessoas. Isso é possível graças aos símbolos do MST e à narrativa construída a partir da memória coletiva. O fato de que o ritual e os símbolos da mística criam uma *emoção* particular nos leva à segunda definição do termo. Para além do ritual, realizado sempre coletivamente, a palavra também significa um sentimento particular que está na origem das ações heroicas ou banais dos militantes. De fato, há quem descreva a mística como um estado afetivo marcado pela paixão, ou até mesmo pelo amor, que "nos permite ser criativos e agir apesar das dificuldades da vida".

---

135 Entrevista com João Pedro Stedile realizada em Paris, em 11 de maio de 2004.

> É como quando tu esperas um membro de tua família, que tu queres que ele fique feliz e que tu vais celebrar esta reunião familiar. Tu não vais receber ele servindo uma comida ruim. Ao contrário, tu vais preparar a melhor comida possível. E, no momento, em que tu fazes a melhor comida possível, tu realizas um ato de autoeducação e de autoformarão. Tu estás sempre te renovando, tu estás sempre procurando a melhor preparação possível.[136]

Nesse segundo significado, a mística corresponde a uma predisposição de engajar-se e agir pelo bem comum, a uma motivação em dar o melhor de si mesmo sem se preocupar se os outros darão o mesmo tanto. Quando a mística ou o sentimento de "graça" estão presentes na experiência, a ação não tem preço, e não se realiza a partir de uma cobrança externa: ela vem de si mesma. Esse sentimento permite que os participantes "se doem", e elimina a sensação de agir por obrigação. O seguinte relato de Frei Betto oferece um olhar sobre esse espírito:

> Quando eu viajava pelos países do socialismo real, eu sempre falava aos meus amigos comunistas do exemplo dos membros das Comunidades eclesiais de base (CEB). Dizia que eles não iriam a parte alguma enquanto não construíssem partidos políticos com pessoas que tivessem a mesma capacidade de abnegação. Conheço muitos agentes pastorais laicos, padres, religiosos, que trabalham muito em lugar de se divertir e de descansar, sem pensar em dinheiro ou em poder. É muito fácil trabalhar num partido quando se pensa nas eleições futuras. Da mesma maneira, é muito fácil lutar por uma boa causa quando se recebe muito dinheiro O difícil é o dom, isso exige mística.[137]

---

136 Entrevista com João Pedro Stedile realizada em Paris, em 11 de maio de 2004.

137 Tradução livre. Cf. BETTO, Frei. "Militancia y poesía". *In*: BOFF, Leonardo; BETTO, Frei. *Mística y espiritualidad.* Madri: Editorial Trotta, 1996, pp. 136/137.

Esse sentimento também ajuda a controlar as reações emocionais, para que uma discussão não se transforme em uma briga passional: "A mística existe somente para nos ensinar como agir nos conflitos. Nos torna capazes, uma vez que estamos envolvidos neles, de não sermos destruídos, de ficar na superfície ou numa relação na qual a gente não perca a harmonia interior nem a harmonia da relação com outros".[138]

No prefácio da obra de João Pedro Stedile sobre a história do MST, o bispo Dom Tomás Balduíno chama a atenção para a mística:

> É a abertura que permitiu ao movimento romper com o isolamento (...) Livrou-o do sectarismo esquerdista, do dogmatismo intolerante, da rígida discriminação de quem pode e de quem não pode entrar nele (...) Este é, a meu ver, um dos segredos do "resistir" do MST. (...) Ele já superou vários outros movimentos de luta pela terra no país. Desta forma, ele não criou um grupo de fanáticos fechados no seu pequeno mundo. Pelo contrário, assumiu os desafios, as angústias e esperanças de todo o povo brasileiro.[139]

Nas análises de Frei Betto, porém, percebe-se que nem todos os membros da organização atribuem a mesma importância à mística. De fato, é necessário um trabalho metódico para introduzir essa atmosfera no cotidiano dos militantes.

> Seria possível construir homens e mulheres novos sem falar de mística? A mística está ligada a esta temática, da mesma forma que a química do solo tem o objetivo de produzir bons

138 Tradução livre. Cf. BETTO, Frei, "El método de la mística". *In*: BOFF, Leonardo; BETTO, Frei, *Mística y espiritualidad*. Madri: Editorial Trotta, 1996, p. 78.

139 BALDUÍNO, Dom Tomás. "Prefácio". *In*: STEDILE, João Pedro; FERNANDES, Bernardo Mançano. *Brava gente*: a trajetória do MST e a luta pela terra no Brasil. São Paulo: Fundação Perseu Abramo, 1999, p. 10.

> frutos. Temos que romper o tabu e o problema de falar disso. Devemos falar disso até nos cafés? Se a gente não fizer isso, estaremos reproduzindo os erros de nossos companheiros do socialismo. Eles têm uma vasta ideologia objetivista das coisas, mas eles esqueceram a questão da subjetividade.[140]

Para entender melhor essa noção central e compreender sua complexidade, agora examinaremos de perto seu significado pragmático, a partir do uso que lhe é atribuído por um quadro do MST, ao narrar sua história de vida. Vilmar nasceu em 1977, no Paraná, sendo o caçula de seis irmãos. Sua família, de origem europeia, instalou-se no Rio Grande do Sul até que, em 1972, seu pai migrou para o Paraná, como tantos outros, "em busca de uma vida melhor". Mas, na realidade, ocorreu o contrário. Por quatro vezes, a família foi forçada a se deslocar e recomeçar do zero. O caso da família de Vilmar é exemplar. Em 1972, seu pai conseguiu comprar uma terra perto do município de Medianeira, no oeste do Paraná, com suas economias. Assim que se instalou na propriedade, com todos os documentos necessários, a família foi ameaçada de morte por milícias armadas e obrigada a deixar a terra.

Com o que sobrara das economias, o pai de Vilmar conseguiu comprar uma segunda propriedade, naquele mesmo ano, na cidade de São Miguel do Iguaçu. Em 1974, apenas dois anos depois de instalado, a família perdeu novamente a terra, agora, para o Estado, que a confiscou, declarando a região parte de uma "área de reserva permanente" (atual Parque Nacional do Iguaçu). A família foi enviada a outra terra, de onde seria novamente expropriada, pois a região foi submersa pelas águas da Barragem de Itaipu. Na ocasião, o Estado lhe concedeu uma indenização irrisória, suficiente apenas para a compra de alguns móveis domésticos. Mas como explicar que, apesar de todas as circunstâncias, seu pai tivesse conseguido

---

140 Tradução livre. Cf. BETTO, Frei. "Mística y militancia". *In*: BOFF, Leonardo; BETTO, Frei. *Mística y espiritualidad*. Madri: Editorial Trotta, 1996, p. 46.

comprar uma pequena chácara? É que, na juventude, o pequeno agricultor havia sido seminarista e tivera, portanto, condições de estudar para, mais adiante, sobreviver como professor.

Vilmar conta que, aos cinco anos, em 1982, visitou com seus irmãos o primeiro acampamento dos atingidos pela Barragem de Itaipu, a cinco quilômetros de sua casa. No local, havia centenas de famílias, muitas conhecidas, que também tinham perdido suas terras durante a construção da barragem. Quatro anos depois, Vilmar foi novamente confrontado com a vida de centenas de famílias expulsas da terra por uma grande empresa, em Foz do Iguaçu.

— Essas famílias foram levadas para a comunidade onde vivia minha família. (...) Era uma região destinada às vítimas de barragens, um reassentamento. As famílias não tinham estrutura nenhuma, tiveram que deixar tudo em Foz do Iguaçu, viver embaixo de barracos... Novamente, eu tive esta experiência, este contato com gente acampada. Mas não entendia nada do processo de reforma agrária.[141]

Seu pai sempre fora ligado a Igreja Católica e, com 15 anos, Vilmar começou a participar dos encontros vocacionais, organizados a cada seis meses em sua comunidade. A partir de então, ele começou receber cursos particulares de religião, ministrados pelos padres, em sua casa.

— Eu queria ser irmão religioso (...). Em 1996, com 19 anos, entrei no seminário. (...) Fui morar um ano no seminário de São Miguel do Iguaçu. Em seguida, fui a Carazinho, no Rio Grande do Sul, fazer um ano de experiência. Era uma casa, um tipo de internato que trabalha só com crianças carentes, pequenos delinquentes... a maioria ia pra casa na sexta-feira e só se alimentava na segunda-feira, quando voltava pro colégio. A maioria tinha o

141 Esta e as seguintes falas foram coletadas na entrevista com Vilmar, realizada em 27 de julho de 2003.

pai morto ou no presídio, casos desse tipo. Essa experiência foi muito rica para crescimento pessoal, para conhecer um pouco a realidade. Até então, eu nunca tinha tido contato com cidade grande. (...) Depois, eu fui pra Porto Alegre, fiz vestibular, passei pra faculdade e entrei num seminário maior. Comecei a cursar filosofia numa faculdade privada, que tinha uma história muito particular, ligada a um processo de luta muito antigo.[142] (...) Tem um cunho político muito forte! A companheira Isabel estudou lá. Hoje, nós trabalhamos juntos. Muita gente como Betinho, Frei Betto... começou esta história de luta lá dentro! (...) A grande maioria dos estudantes acabava se engajando em alguma luta social, por força desta influência, desta pressão que existe lá dentro. É uma universidade muito aberta aos movimentos sociais. Sempre tem gente dos movimentos sociais dando aulas, palestras... fazendo um trabalho com os estudantes. Então vai te levando a ter uma visão, a enxergar estes movimentos e, consequentemente, você acaba estudando o porquê da existência destes movimentos. Você acaba vendo o problema da sociedade... que acaba por gerar estas organizações. Foi quando eu tive contato com o pessoal que trabalhava com a Pastoral Operária, que trabalhava com o MST. E, neste mesmo período, aqui no Paraná, bem longe, o meu irmão entra no MST (...) eu fiquei sabendo depois que ele já estava. Ele acampa no município de São Miguel do Iguaçu. Meus pais me ligam e me dizem "Dirceu tá no movimento sem terra, tá acampado". Aí, eu já conhecia o movimento... tínhamos uma simpatia pelo Movimento. Mas também conhecíamos, a gente conhecia o problema da terra... Meu pai já tinha vivido isso, minha família tinha vivido, e meu pai sempre deixou esta história viva na nossa família. Essa luta difícil que ele passou, estas complicações todas... então, nós também sabíamos que não era só a minha família, muitas famílias passaram por este processo... então a gente entendia um

142 Faculdade de Filosofia Nossa Senhora da Imaculada Conceição (FAFIMC), que pertencia à arquidiocese de Porto Alegre, atual Pontifícia Universidade Católica do Rio Grande do Sul (PUCRS).

pouco o porquê destes acampamentos, desta luta. Mas não tínhamos nenhum contato direto, não sabíamos como funcionavam, os métodos, os verdadeiros objetivos. Conhecíamos superficialmente, pela mídia, que não é uma visão positiva... até hoje inclusive. (...) Mas, na universidade, nós fomos visitar alguns acampamentos, e eu comecei a me envolver. E como já existia esta simpatia natural... na verdade já estava no sangue... Era inerente... eu já era um Sem Terra! Minha família era uma família Sem Terra... passou por um processo de reforma agrária complicado... Esta situação estava no sangue... E esta simpatia foi se transformando em uma relação. E, aí, eu comecei a trabalhar com um grupo da universidade. A gente fazia um trabalho com o Movimento, fazia estudos, acompanhava, visitava..., mas não era nada, era uma coisa ainda muito superficial. Nós não éramos parte do Movimento! Nós éramos um grupo de estudantes que ia lá fazer visitas, estudava, ajudava, fazia arrecadações, levava cobertores... um trabalho assistencialista. Aí, eu comecei a me decepcionar com muita coisa dentro do seminário. Comecei a pensar em sair. (...) Começou uma perseguição pelo tipo do nosso trabalho. Meu formador fazia parte da Renovação Carismática (...) eu particularmente acho horrível! Uma linha reacionária da Igreja, totalmente contra a organização social, de luta, de ação. É aquela linha que acha que tem que rezar e esperar Deus fazer. Eu sempre bati de frente com esta ideia. Isso começou a desgastar minha vida dentro do seminário. A relação começou a ficar pesada, foi juntando com outros fatores (...). Lógico que, quando você está no seminário, você não decide sair hoje e sai amanhã. Vai acumulando várias coisas negativas, e você chega num ponto que não dá mais para suportar, e você acaba saindo. (...) Daí, começou uma perseguição política. O padre não queria mais permitir que eu acompanhasse este tipo de pastoral. Como eu já estava há muito tempo no seminário, e sempre com este pensamento de ter uma vida religiosa, então você não pensa em preparar um futuro. Você se entrega àquela vida e vai em frente! E quando eu falei "eu vou sair!", eu parei e comecei a pensar "vou sair? Vou pra onde? Vou fazer o quê? Tenho só as minhas roupas, não tenho pra onde ir! Não quero voltar para a casa dos meus pais". (...) Tava com 23 anos. Comecei a refletir (...) "O que eu quero fazer? O que eu decidi fazer? Se eu decidi sair daqui, foi por causa de uma causa! Então eu vou pra esta causa!"[143]

Após ter passado seis anos junto ao Movimento, o irmão de Vilmar já tinha um envolvimento político bastante grande com o MST. Ele havia deixado o acampamento e trabalhava na Cooperativa Central da Reforma Agrária (CCA), em Curitiba. Vilmar lhe telefonou para pedir ajuda, e seu irmão respondeu: "Vem pra cá! A gente vai ver!" Os militantes de Curitiba sabiam que Vilmar não era apenas um estudante de Filosofia que acabara de renunciar à sua vocação religiosa.

— O pessoal já sabia que eu tinha uma relação com o Movimento.

Foi assim que, em fevereiro de 2000, Vilmar chegou à capital paranaense.

É nesse momento, quando Vilmar se engaja ao MST, que a mística apareceu como uma categoria importante. Seu desejo inicial era permanecer em Curitiba, para trabalhar com seu irmão. Mas ele não o disse explicitamente, e se mostrou aberto às propostas do grupo, o qual, aliás, já tinha uma ideia em mente, devido ao perfil intelectual do recém-chegado:

— "Como você estudou Filosofia, a gente quer que você ajude a organizar o setor de educação do Movimento", essas coisas... – comentou Vilmar sobre o que lhe foi sugerido. — E também tinha uma proposta para que eu fosse para Brasília.

---

143 Vilmar ficou dois meses em Porto Alegre, para terminar o semestre da faculdade, com uma situação muito precária, pois era o Seminário que pagava a mensalidade do curso. Isso só foi possível graças à ajuda financeira de alguns padres, companheiros do seminário.

Sem resistência, Vilmar viajou a São Paulo por uma semana, para participar de diversas reuniões do setor de educação. Após uma série de discussões, eles definiram conjuntamente um planto de trabalho para o novo membro executar em Brasília. Ele retornou a Curitiba, para organizar seus pertences e mudar-se para a capital, quando recebeu um telefonema: "Não! Nós mudamos de ideia. Devido à conversa que nós tivemos aqui, você não vai mais pra Brasília. Você deve ficar aqui em São Paulo! Nós pensamos que é melhor que você fique em São Paulo... aqui você vai poder fazer o que tu propôs".

Segundo Vilmar contou em entrevista, ele não recebeu muito bem essa ligação. O poder do Movimento sobre sua própria decisão, a reviravolta e o fato de ver sua vida mudar muito rapidamente sem poder controlá-la o desestabilizaram. Mas ele relatou que não haveria conflito aberto, nem ressentimento. Respondeu aos militantes: "Não! Eu quero uma semana pra pensar, eu quero uma semana... Tenho que mudar minha cabeça de novo".

Vilmar ficou aquela semana em Curitiba e, na realidade, nunca viria a deixar seu Estado natal. Não compreendi muito bem como as coisas ocorreram. Vilmar disse que os militantes de Curitiba, inclusive seu irmão, se deram conta de que ele queria seguir com eles e pediram à direção nacional, em São Paulo, que ele ficasse.

— O pessoal de Curitiba mesmo começou a falar que eu não iria mais... decidiram por mim. Eu, claro, gostei! Porque era o que eu queria... ficar aqui. Não queria ir embora tão logo assim!

Esse episódio dá uma ideia sobre como agem os militantes estaduais em relação à direção nacional. O respeito e a compreensão da organização diante das preferências de Vilmar são notáveis. Recém-chegado ao MST, esse militante consegue compreender que há espaço para que ele exprima sua individualidade dentro da Organização. Nesse exato momento, ele consegue ser ouvido e dizer o que é fundamental para si.

O segundo teste de Vilmar ocorreu durante a escolha de suas atividades dentro da Cooperativa. É interessante notar que o trabalho a ser realizado em Curitiba, na CCA, não tinha relação direta com sua formação. Aqui se encontra o segundo aspecto da *mística* que buscamos trazer a partir de seu exemplo.

— Aí eu comecei a trabalhar na cooperativa. Ajudava os setores. Com o passar do tempo, como era pouca gente naquele período dentro da cooperativa, os companheiros não tinham estudos e tinham dificuldade de fazer as coisas... Eu ajudava no que podia, eu tinha tido oportunidade de aprender muita coisa no Seminário. O que eu podia fazer, eu fazia! A contabilidade, o financeiro... O pessoal tinha dificuldade com isso. E o pessoal começou a gostar. E não tinha ninguém que fazia... Eu acabei ficando cada vez mais com essa parte. Acabou que eu fiquei fazendo a parte de contador e administrador financeiro da Cooperativa. Na prática, porque eu nunca estudei isso! Mas não tive dificuldade de aprender... teve um contador que me ajudou, e eu acabei fazendo isso na Cooperativa. Fiquei por um ano e meio fazendo isso... quando sofri um acidente.

A partir desse relato, pode-se notar que Vilmar estava disposto a ajudar a Organização sem medir as dificuldades que isso viria a representar. Ele precisava estudar e recomeçar do zero, para dedicar-se a uma profissão que jamais imaginara exercer. Mas ele vivencia o processo com um "espírito de serviço", sem a resistência que é tão comum para o ser humano diante de um trabalho desconhecido, que desafia suas habilidades profissionais. Vilmar poderia ter continuado a exercer essa função por anos, não fosse por um acidente de carro que quase lhe custou a vida. Com uma fratura no braço direito, que necessitaria diversas cirurgias para se recuperar, ele passou cinco meses acamado, sem poder se sentar nem realizar qualquer movimento. O MST cobre os custos do hospital e de tudo correspondente a seu tratamento e suas despesas com alimentação.

— Pra mim, a relação que eu tinha antes com o seminário eu tenho hoje com o Movimento. Eu não sou funcionário do

Movimento. Não tenho salário! Não tenho ganho financeiro! Tenho uma ajuda de custo que dá suficiente para eu pagar minha sustentação: aluguel, comida, vestimenta, o suficiente para vida.

Apesar de ter recebido a visita da família, Vilmar permaneceu em Curitiba, onde mora.

— Foi um período muito difícil! (...) Eu sempre fui muito ativo. (...) Quando eu comecei a me movimentar, eu morava com outros três companheiros, a gente dividia uma casa e trabalhávamos todos no Movimento. Eu falava pra eles: "Pelo amor de Deus, tragam alguma coisa pra eu fazer! Pra eu ler! Pra eu escrever! Porque eu não aguento mais! Que seja um texto, se algum setor precisar de um texto elaborado... tragam que eu tento fazer qualquer coisa! Mesmo que não dê certo. Mas pelo menos para dizer que eu estou tentando fazer alguma coisa!" E, um dia, eles chegaram em casa com um monte de papelada dizendo: "Você deve fazer um projeto assim, assim...". Me compraram um computador, me colocaram lá na cama. "Faz aí!" Em uma semana, eu fiz o projeto! Menos até, em três dias eu acho. Assim... com esse dedinho [ele mostra o dedo da mão esquerda]. (...) Eles chegaram dizendo: "O pessoal gostou! Gostaram mesmo!" Aí, deram umas correções para eu fazer... Eu disse: "Traz mais, que eu quero fazer mais!"

Vilmar tornou-se o redator de projetos da cooperativa de Curitiba e construiu, progressivamente, um relacionamento com diversos grupos de *amigos do MST*[144] *por toda a Europa. Mas, antes disso, por um bom tempo, ele precisaria lidar com a angústia física e moral de sentir-se inválido para o Movimento. E foi nesse período que o significado da mística* surgiu.

---

144 No 4º Encontro Europeu dos Amigos do MST, em Paris, participaram cerca de cem pessoas de 14 países: Suíça, Suécia, Portugal, Noruega, Luxemburgo, Itália, Holanda, Grécia, França, Espanha, Bélgica, Brasil, Inglaterra e Alemanha, junto a uma delegação de três pessoas do Movimento. Ver 4e RENCONTRE EUROPEENNE DES AMIS DU MOUVEMENT DES SANS TERRE (MST). *Anais*. Frères des Hommes. Paris, 2001, p. 3.

— Eu me senti como uma família no Movimento! Isto é uma mística! A mística não é somente o ato. O ato é a celebração. (...) Quando a gente faz as representações, é uma celebração. Mas a mística é a vivência. É... Por exemplo, eu, quando eu sofri o acidente... eu não fiquei preocupado em não ter o que comer, porque eu sabia que tinha o Movimento. Porque eu me sinto parte do Movimento. Eu sei que o Movimento tá olhando por mim. (...) Tem esta ligação. O Movimento é a minha família!

No relato de Vilmar, encontra-se outra definição da mística. Entretanto, nesse ponto da narrativa, o entrevistado já não está mais tão confortável ao descrever a situação de forma mais factual. Na verdade, ele tem certa dificuldade em especificar esse sentimento:

— A mística... como eu posso dizer? A mística é a mística! [risos] não tem explicação, na verdade! Ela seria a celebração da espiritualidade, da vivência, do que a gente vive. As pessoas que fazem parte do Movimento, elas todas se sentem... Como eu vou dizer? Por exemplo, eu e você, nós dois somos parte do Movimento. Então, nós acabamos tendo um nível de consciência, teoricamente, igual. E a gente acaba fazendo assim: "Se eu sei que eu não posso fazer tal coisa, você não vai me chamar pra fazer tal coisa!" Você acaba criando essa consciência coletiva. Cada um sabe das responsabilidades do outro. Ao mesmo tempo, tem tal coisa que eu não posso fazer. Eu sei que você sabe que eu não posso fazer. Portanto eu não vou fazer (...) isso faz com que você coloque na prática a teoria.

Pode-se enxergar nesse testemunho de Vilmar uma definição de fraternidade, a exemplo daquela que oferece Dostoiévski, verdadeira autoridade em reflexões humanistas.

> O ocidental refere-se a ela (a fraternidade) como a grande força que move os homens, e não percebe que não há de onde tirá-la, se ela não existe na realidade. O que fazer, portanto? É preciso criar a fraternidade, custe o que custar. (...) Ora, uma tal autoafirmação não podia dar origem à fraternidade.

> Por quê? Porque na fraternidade, na fraternidade autêntica, não é uma personalidade isolada, um Eu, que deve cuidar do direito de sua equivalência e equilíbrio em relação a tudo o mais, e sim todo este o mais é que deveria chegar por si a essa personalidade que exige direitos, a esse Eu isolado, e espontaneamente, sem que ele o peça, reconhecê-lo equivalente e de iguais direitos a si mesmo, isto é, a tudo o mais que existe no mundo. Mais ainda, esta mesma personalidade revoltada e exigente deveria começar por sacrificar todo o seu Eu, toda a sua pessoa, à sociedade, e não só não exigir o seu direito, mas, pelo contrário, cedê-lo à sociedade, sem quaisquer condições.[145]

Segundo Vilmar, cada militante pede ao *outro* que realize atividades, mas cada um sabe respeitar os limites, como uma resposta ao horizonte do possível. Tal nível de consciência, tal estado de espírito, é resultado de um trabalho, no qual a celebração cumpre um papel fundamental. Uma nova energia é gerada na experiência da ação coletiva, desenvolvida na forma de uma expressão artística.

Mas o que é a mística quando ela assume a forma de uma ação, de um ritual? Já se definiram certas características presentes em todas as celebrações relacionadas à mística. Sem dúvidas, uma boa celebração pode deixar uma profunda impressão nos atores envolvidos, a ponto de fazê-los chorar. Essa emoção é um sinal de que a ação está sendo autêntica e distanciando da rotina, do ato automático e robotizado.

> Reconciliar o coração e a razão: a injustiça não se resolve com as armas. O que resolverá isso é a organização do povo. É preciso ser frio diante da injustiça e combinar essa

145 DOSTOIÉVSKI, Fiódor. “Ensaio sobre o burguês”. *In*: ______. *O crocodilo – e notas de inverno sobre impressões de verão*. Trad. Boris Schnaiderman. São Paulo: Editora 34, 2011, p. 49.

racionalidade com o coração. É preciso colocar o coração no projeto, sob o risco de tornar-se um burocrata.[146]

O ritual da mística obedece a uma determinada ordem. Primeiramente, são encenadas as histórias vivenciadas pelos militantes do MST: um problema ou uma violência serão apresentados por uma encenação realizada pelos próprios militantes, acompanhada de uma narração em segundo plano, fruto de um trabalho coletivo. Entretanto, ao reviver essas trágicas experiências do passado, os atores têm a possibilidade de escolher e projetar outro fim, baseado na *utopia de uma realidade mais justa e mais humana*. No momento presente da ação, o ato reúne passado (a memória e as experiências vividas pelos indivíduos são tornadas públicas e coletivas) e futuro (as ações são carregadas de esperança e heroísmo, e os indivíduos constroem coletivamente seu horizonte de expectativas).

Todavia, essa encenação tem uma forma bastante particular, visto que é vivida como uma *celebração*. Ao menos três elementos se entrelaçam: *a intriga do passado, a esperança no futuro* e *o sagrado*. Ao contrário do que propõe o teatro tradicional, na mística o diálogo cumpre um papel secundário, ou até mesmo marginal. O que "preenche" o silêncio do ritual é a exibição do conjunto de objetos caros aos integrantes do MST: sua bandeira, frutas e produtos alimentícios da indústria rural. Ao final, como resultado da atividade, deve ficar nítido que a morte de "companheiros" foi um ato perpetrado por seus "inimigos" (os latifundiários, parte do Estado e o imperialismo estadunidense). Ainda assim, a morte é celebrada por sua beleza, em uma dimensão sacrificial. A valorização dessa prática e o fato de o Movimento reservar o tempo

146 MAURO, Gilmar. "Les défis du Mouvement des Sans terre pour progresser dans l'action entreprise et les stratégies pour dépasser la conjoncture". *In*: 4e RENCONTRE EUROPEENNE DES AMIS DU MOUVEMENT DES SANS TERRE (MST). *Anais*. Frères des Hommes. Paris, 2001, p. 8.

necessário para que ela ocorra dão uma ideia do vínculo do MST com o mundo estético e espiritual.

Embora esses militantes latino-americanos façam referência explícita ao discurso cristão e abertamente evangélico, a ideia moderna de que se deve esperar ganhar algo em retorno por suas ações e produzir constantemente, já que "tempo é dinheiro", não é uma verdade absoluta entre os Sem Terra. Ao contrário, eles são convidados a seguir o exemplo de Jesus Cristo, um homem que "preocupava-se em reservar tempo para a comunhão com Deus" e cuja espiritualidade caracterizava-se pela "capacidade de conciliar militância e momentos de oração".[147] Entretanto, a mística não foi inventada pelo MST. Por isso, necessitamos reconstituir a gênese dessa ação coletiva.

3.3 A prática de celebrar pré-existente ao MST

A mística não nasceu de uma decisão pragmática dos militantes Sem Terra. Carregada de emoções, vivenciada como uma celebração, essa prática já era conhecida e exercida pelos camponeses brasileiros como uma forma de viver sua fé. Leonardo Boff indica que o ritual já estava presente nas Comunidades Eclesiásticas de Base (CEBs). À sua maneira, aquelas 15 a 20 famílias que compunham cada comunidade reinventavam a Igreja de Deus: "O povo cria seus próprios rituais, encena a palavra de Deus com muita espontaneidade e organiza grandes celebrações com a Bíblia cercada de objetos e comidas típicas da região. É nesses momentos intensos que a fé é mais bem expressa".[148]

---

147 Tradução livre. Cf. BETTO, Frei. "La espiritualidad de Jésus". *In*: BOFF, Leonardo; BETTO, Frei. *Mística y espiritualidad*. Madri: Editorial Trotta, 1996, p. 100.

148 Tradução livre. Cf. BOFF, Leonardo. *Je m'explique*: Entretiens avec Christian Dutilleux. Paris: Desclée de Brouwer, 1994, p. 38.

Dominique Barbé, padre que viveu por mais de 15 anos numa CEB, na região industrial de São Paulo, testemunha a importância do ritual em locais de intensa pobreza.

> A Comunidade Eclesiástica de Base, a Pastoral Operária e a Pastoral da Terra não são instâncias políticas, mas sim instâncias de celebração da fé e da educação global do homem. É nesse lugar que são despertadas e fortalecidas as energias evangélicas que buscam transformar o mundo para que a caridade seja possível, e que assim Deus possa revelar seu nome. Se, para controlar a realidade, instrumentos políticos são criados, isso é apenas uma consequência.[149]

Barbé afirma, ainda, que as Comunidades de Base "se diferenciam, sem se separar, dos sindicatos e dos partidos", um padrão respeitado pelos Sem Terra. O ritual foi certamente resgatado pelo Movimento, nascido das instituições cristãs, como um elemento fundamental para a vida em grupo. Mas, à diferença de seus "anciãos", o MST inventou ao construir um espírito político no próprio coração da celebração da fé. Foi assim que, em 1979, quando ocorreram as primeiras ocupações de terra no Rio Grande do Sul, os camponeses reunidos pela Igreja começaram a atribuir um caráter político aos atos religiosos. A história da noite de Natal de 1982, narrada em artigo publicado na primeira página do *Boletim Sem Terra*, poucos dias depois da data, demonstra como a política havia se tornado parte da cultura religiosa:

> **Na Encruzilhada, um Natal triste, mas cheio de fé**
>
> As 310 famílias de colonos sem terra, que resistem há quase um ano no corredor da Encruzilhada Natalino, celebraram a noite fria de Natal com uma caminhada rememorativa de sua luta por terras no Rio Grande do Sul. Faltavam poucos

149 Tradução livre. Cf. BARBÉ, Dominique. *La Grâce et le pouvoir*: Les communautés de base au Brésil (Rencontres). Paris: Cerf, 1982, p. 138.

> minutos para a meia noite, quando um grupo de colonos ergueu a pesada cruz, símbolo do acampamento, iniciando a caminhada pelos dois quilômetros de barracos miseráveis que se estendem ao longo da estrada. Centenas homens, mulheres e crianças acompanharam o ritual carregando tochas improvisadas em pedaços de bambu com óleo diesel. Ao longo do trajeto, foram feitas várias paradas que relembraram os principais momentos vividos pelos acampados de Natalino, entre eles os 30 dias de Coronel Curió, quando então todas as tochas apagaram-se revivendo a escuridão da época. Poucos minutos depois, o número de tochas acesas foi redobrado e iluminaram a estrada, representando a vitória dos colonos sobre o "Curió" e as "forças de segurança". Os sem terra encerraram a celebração rezando ao pé de um improvisado presépio, encenado pelas crianças recém-nascidas no acampamento. A grande cruz de madeira foi recolocada em seu lugar, no centro do acampamento, com os quatro pedaços de panos brancos, que simbolizam a morte de crianças também ocorrida no corredor de Natalino.[150]

O relato acima baseia-se na história das famílias Sem Terra, mas nessa celebração vemos um amálgama entre os eventos vividos pelo grupo, cercado pela política, e os eventos da história da família de Jesus Cristo. Símbolos como a cruz, a reza e o presépio atestam que o ritual é cristão. Mas não é o menino Jesus que está no centro da celebração: em seu lugar, eles celebram os bebês nascidos no acampamento. Além disso, com os quatro pedaços de tecido branco presos à cruz, eles preservam a memória dos quatro bebês mortos devido à difícil condição de vida no local. O branco, muito provavelmente, simboliza a fé na promessa de ressureição.

Pode-se dizer que as palavras "tristeza" e "fé" são as que melhor transmitem o clima do ato, pois, ao mesmo tempo em

---

150 Boletim informativo da Campanha de Solidariedade aos Agricultores Sem Terra. Nº 17, Porto Alegre, 09/01/1982. Em: MORISSAWA, Mitsue. *A história da luta pela terra e o MST*. São Paulo: Expressão Popular, 2001, p. 125.

que revelam como sua vida é repleta de sofrimento, eles também demonstram que podem mudá-la, uma vez que, juntos, foram capazes de derrotar a polícia. A palavra "mística" não está presente no relato, mas encontramos na narrativa os elementos que a constituem na atualidade: a memória individual, que tem como pano de fundo o relato coletivo; o futuro cheio de esperança; a capacidade das famílias de permanecerem juntas e não perderem a força da fé cristã, apesar das provações do sofrimento e da morte.

Segundo João Pedro Stedile, essa prática transformou-se ao longo da história do MST:

— No início, a mística era mais simples, menos estética. Depois a gente percebeu que existe uma evolução permanente (...), ela ajuda a formar, dar capacidades às pessoas (...) tendo na base a poesia, a música, os símbolos e a nossa bandeira.[151]

Mas, apesar das transformações, a mística guarda, ainda hoje, sua própria identidade:

— É por isso que a mística não é uma atividade que todos os grupos podem realizar. (Ela) não é uma atividade mecânica que a gente pode praticar, por exemplo, com estudantes que estão num curso, com seus professores (...). Esta atividade não terá nenhum sentido ou será um exercício de teatro.[152]

É mais fácil compreender o que significa a "identidade própria", ou aquilo que deve "acontecer" nessa prática coletiva, quando nos deparamos com um contraexemplo, ou seja, com uma mística cujo andamento foi interrompido.

---

151 Entrevista com João Pedro Stedile realizada em Paris, em 11 de maio de 2004.

152 Entrevista com João Pedro Stedile realizada em Paris, em 11 de maio de 2004.

3.4 Uma mística fracassada: os limites da compreensão do pesquisador

Em 2002, eu realizei a terceira fase do trabalho de campo na Copavi. Naquele momento, tive a impressão de que as famílias haviam esquecido meu papel de "socióloga no campo". Elas me perguntavam se eu gostaria de vir morar com elas, numa espécie de brincadeira com fundo de verdade, talvez com o objetivo de me testar. Foi nesse contexto, em que me sentia "assimilada" pelos investigados, que ocorreu uma mística fracassada. Analisar as razões pelas quais essa mística foi um fiasco pode ser útil para aprender sobre sua lógica, mas também sobre o lugar do sociólogo nesse dispositivo, uma vez que eu era a encarregada de realizar a mística. Antes de seguir adiante, é necessário contextualizar aquele momento, conforme anotações feitas à época:

> A experiência ocorre durante a reunião mensal do grupo de mulheres da Copavi. A pedido das mulheres, fiquei responsável de pensar a mística que iniciará a reunião. Comecei pedindo às mulheres para ficarem de pé, fazendo um círculo, na forma de uma corrente, com as mãos dadas. Em seguida, pedi para que cada uma expressasse, sob a forma de uma oração, a sua gratidão pelo fato de suas famílias terem ganho um pedaço de terra. De repente, presenciamos um enorme silêncio, acompanhado de um mal-estar. Quase como um grito, escutamos a voz forte e irritada de uma mulher: "Esta terra... nós conquistamos ela... nós não ganhamos nada!" Em seguida, a mulher sai da sala para ir se ocupar das vacas, seu trabalho na Cooperativa. Com esta crítica, a mística foi interrompida e inviabilizada. Fico sem saber o que fazer por alguns instantes. Decido interromper o silêncio e o mal-estar introduzindo o segundo ponto da pauta: um curso técnico sobre a alimentação moderna.[153]

[153] Notas do caderno de campo.

Há uma série de interpretações possíveis para explicar por que aquela mística não foi uma experiência feliz. É óbvio que a ação do sociólogo estava fadada ao fracasso.

> A mera observação das condutas ritualistas oferece apenas indícios para a compreensão do que ocorre. (...) [O pesquisador] pode até acreditar ter encontrado um significado, com base em sua própria experiência, e chegar ao ponto de fazer interpretações totalmente errôneas do ritual que observa. Cada sociedade tem um código próprio, e somente ela pode fornecer a chave.[154]

Dois fatos são primordiais. Primeiramente, o fato de o sociólogo ser um estranho à cultura do grupo. Essa *estranheza* o impede de entender e aplicar as regras básicas de uma boa mística. Em seguida, mas não menos importante, o fato de o cenário da mística ter sido concebido individualmente. Não era o grupo que estava na origem da celebração, o que significa que as histórias pessoais não puderam ser reunidas para formar uma narrativa coletiva. Foi o sociólogo, sozinho, quem preparou a ação, sem nenhum diálogo prévio com o grupo.

A crítica dessa mulher, marcada pela emoção, tornou inteligível aquilo que deveria ser a mística. Ainda que esta última assumisse a forma da liturgia e dos símbolos sagrados, seu cenário deveria permanecer, acima de tudo, no campo do político. Em efeito, a mulher interveio para indicar que foi graças à luta que um direito foi conquistado, e esse direito não foi uma graça concedida por Deus, mas sim o resultado da mobilização. Naquele momento, a saída da mulher revelou que, apesar das semelhanças que a mística possa ter com o ritual religioso, os participantes não toleram que

---

154 Tradução livre. Cf. TURNER, Victor W. *Les tambours d'affliction*. Paris: Gallimard, 1972, pp. 17/18.

suas ações sejam exclusivamente associadas àquelas realizadas no interior da Igreja.

Se os Sem Terra conseguem dar sentido à mística, é porque eles vivem essa experiência tal qual uma celebração, na qual a crítica social é de suma importância. O grupo atribui a si mesmo o poder de escolher "aquilo que vale a pena ser visto" ou tornado visível, por meio da narrativa eleita pelo conjunto de participantes. O grupo também é sensível às palavras empregadas para verbalizar o político: usar o verbo "ganhar" em vez de "conquistar" é, efetivamente, um eufemismo das lutas e das relações de força que apenas aqueles as vivenciaram podem espontaneamente reconstituir durante uma mística.

Uma mística fracassada indica ainda que, mesmo para os membros do MST, a mística não é algo garantido. Ela é mais aceita entre a população rural, majoritariamente religiosa. Mas para os militantes de esquerda sem um passado rural nem uma proximidade com a Igreja, a mística é uma prática de difícil compreensão. Em 1999, um encontro popular realizado em Brasília reuniu centenas de ativistas do Partido dos Trabalhadores (PT) e militantes Sem Terra, e foi encerrado com uma sessão de mística. Uma ativista, filiada ao PT, revela seu espanto:

— Fiquei chocada! Não conhecia esse tipo de atividade. Foi num grande ginásio, com centenas de pessoas. No final, os Sem Terra começaram a sua apresentação. Uma surpresa pra mim. Eu não esperava que o MST fizesse este tipo de representação. Mas eu fiquei emocionada também. Ver essas pessoas, que não tiveram estudos, vivendo sempre no campo, muito simples, capazes de seguir um encontro nacional e tomar a palavra facilmente e com argumentos... ver a capacidade dessas pessoas me emocionou. Também havia uma disciplina impressionante durante as discussões.

Eles não ficavam falando entre eles. No PT, a gente tem o hábito de falar o tempo todo, às vezes é bem confuso.[155]

Meu deslize verbal e a transformação de um princípio de mística em mais uma reunião tradicional convidam a tentar compreender o que pode ser uma mística "bem-sucedida". Para isso, serão descritas duas outras místicas. A primeira, à qual assisti pessoalmente, realizou-se durante a abertura da festa em comemoração dos dez anos da Copavi. A segunda foi relatada em entrevista pelo militante Pedro.

3.5 Tornar visível (perceptível e palpável) o sonho comum

> Um caminhão avança lentamente em direção ao lugar onde será realizada a mística. Podemos ver homens e mulheres da Copavi que participarão da ação. Uma música foi escolhida para esta cena. Com os alto-falantes, esse som alto produz o efeito de um espetáculo. Sinto uma emoção em todo meu corpo. Ao chegar ao local, as pessoas descem rapidamente da carroceria e começam a representar. No início, não consigo compreender o que estão encenando. Entretanto, podemos observar que estão muito apressados e alguns expressam angústia. Todos estão em silêncio e atuam no meio de muita agitação. Alguns começam a arrancar a cana-de-açúcar, colocada na véspera num canto da cena. Alguns homens começam a colocar de pé uma grande árvore e a plantam num enorme buraco feito também na véspera. Não está claro se a árvore quer simbolizar a vida na Copavi e o papel protetor do MST, ou se ela significa que é graças ao Movimento que a ocupação e o plantio da terra foram possíveis. Ao mesmo tempo, três outras pessoas armam uma lona preta, símbolo dos primeiros tempos de acampamento. Uma mulher se

155 Entrevista com uma especialista do PT, realizada em Paris, em 17 de setembro de 2004.

> abaixa e entra com seu filho no colo. Vemos que outras pessoas pegam alimentos (pão, leite, bananas) e animais (um porquinho, um bezerro) que foram deixados ali previamente. Os militantes avançam, parecendo muito orgulhosos, em direção ao público para apresentar a riqueza produzida pela Copavi. De repente, algumas crianças saem por uma porta que dá acesso ao laticínio e entram em cena gritando palavras de ordem: "Reforma agrária para os sem terrinha!" Os adultos se juntam a elas, de pé, todos no centro do terreno. Neste momento, todos os "atores" começam a retirar suas camisetas, mostrando a roupa que estavam escondendo, a camisa vermelha do MST, e ao mesmo colocando o seu boné. Essa troca de roupa dá um efeito surpresa à representação. Juntos, começam a entoar palavras de ordem, com os punhos levantados. Após um silêncio respeitoso, uma moça começa a ler um texto redigido coletivamente na véspera. É a história dessas famílias: "No início vistos como vagabundos, nós conseguimos vencer. Nós vivemos do nosso trabalho, numa terra coletiva...". O público provavelmente não consegue escutar a leitura, sem microfone. A ação está terminando. Todos juntos, de pé, cantam o hino do MST, com muita força e convicção, terminando com o hino nacional. Neste momento, podemos observar que os espectadores também estão participando, fazendo parte do coro e imitando os gestos, com os punhos levantados e entoando palavras de ordem. Os fogos de artifício marcam o fim da mística. Uma parte do público se emociona, alguns choram.[156]

Um convidado italiano dá seu testemunho:

— Chorei durante a mística. O fato de ver a luta dessas pessoas que não têm nada e que, depois de muito esforço, conseguem alguma coisa para comer, ter uma terra para plantar... A revolução para mim é isso! A possibilidade de as pessoas vencerem apesar de tudo![157]

---

156 Notas do caderno de campo.

157 Entrevista com Michelle realizada em Verona, em 15 de abril de 2004.

Na cena acima descrita, percebemos que os Sem Terra não apenas querem ser enxergados pelo público, como querem *ver a si próprios em ação*. Eles dão preferência para representações nas quais a violência é controlada, ações com o potencial de incentivar a coesão do grupo e de eliminar sinais de fraqueza e exaustão. Nessa ação, sempre bem planejada, eles se convidam a forjar uma *identidade positiva* para si mesmos enquanto coletivo.

Antes da comemoração de dez anos da Copavi, pude acompanhar duas reuniões do grupo responsável por construir o cenário dessa mística. Dois militantes, "especialistas" em místicas, vieram ajudar na construção, tamanha a importância da atividade. As dez pessoas presentes decidiram juntas que, daquela vez, o tema da mística deveria ser a história do grupo. Elas fizeram, então, um chamado à memória de cada um para construir uma história coletiva. A preocupação do grupo era de que mística fosse capaz de impactar os convidados e emocioná-los. É interessante notar que a história construída pelo grupo durante a encenação não coincide com a história contada individualmente nas entrevistas. Na "verdadeira" história, os entrevistados fazem referência à dificuldade enfrentada durante a viagem, horas antes da ocupação: eles viajaram a noite inteira em um caminhão, feito gado; um camponês machucou gravemente o pé; uma criança estava muito doente etc. O que emerge das entrevistas é, sobretudo, uma grande decepção diante da terra há tanto tempo sonhada. Ao chegarem, eles perceberam, com amargura, que a terra era tão fina e quebradiça que se assemelhava a areia.

Esses momentos de cansaço, desespero e desânimo não serão jamais tema da mística, que sempre retrata indivíduos valentes, capazes de superar desafios. Não vale a pena, segundo eles, encenar a fragilidade e a tristeza. Os integrantes do MST desejam tornar visível para si mesmos não o sofrimento, mas a vida – e a mobilização, que é sua extensão natural. Essa vida existe porque encontra arrimo no caráter coletivo da visão de um futuro diferente. Nesse processo de idealização, a transformação da situação já está presente. Assistir juntos à encenação do ideal e do significado da luta configura um momento de construção do grupo e de seu destino. Poderíamos dizer que a reconstituição do ritual no tempo presente o torna uma realidade ou um fragmento da realidade, uma projeção que proporciona grande motivação para agir. Criar o futuro desejado no presente da ação: eis um dos significados da mística.

Essa mística, que agregou todas as gerações, que reuniu os Sem Terra e espectadores apoiadores, foi bem-sucedida para os participantes porque estava de acordo com as expectativas, e porque essas expectativas haviam sido objeto de um minucioso preparo. Uma mística é preparada e ensaiada, como num ato de educação, que fundamenta o *ethos* dos Sem Terra. Na tentativa de apreender todas as facetas da mística, analiso a seguir uma versão contada durante uma entrevista. A mística em questão foi apresentada como uma das mais importantes da vida de Pedro.

3.6 Uma mística que rememora uma tragédia

Pedro realizou sua primeira ocupação aos 16 anos, acompanhando sua família de oito pessoas no total. Com 30 anos na época da entrevista, o dirigente ressaltou que conseguiu compreender o MST quando tinha 17 anos e deixou sua família para lutar por uma terra – sua própria terra. Ele descreveu esse processo como uma espécie de reeducação, na qual passou a ter o direito de falar a seus companheiros e aprendeu a escutar o ponto de vista das outras pessoas. Pedro considerou esse momento de sua história como o fim de um ciclo: ele interrompera sua jornada de operário agrícola e viveu o período com a sensação de estar “liberto”.

Foi nessa época que ele conheceu Teixeirinha, dirigente, responsável pelo seu acampamento. Teixeirinha viria a ser o seu melhor amigo. Pedro o descreveu “como a pessoa que você poderia contar pra qualquer coisa, qualquer outra atividade... ele estaria ali disponível pra estar te dando uma força, uma ajuda...”. Teixeirinha foi assassinado pela Polícia Militar do Estado do Paraná, em 8 de março de 1993.

A mística descrita por Pedro a seguir encena a morte de Teixeirinha e a de outros companheiros que "tombaram na luta".

— Nós fizemos a mística num acampamento, na Lapa. Eu participei de uma mística lá...eu representei a pessoa do Teixeirinha... Nós fizemos a apresentação à noite... fizemos em forma duma corrente. Nós saímos dum local e fomos até o outro local. Nós fomos com os olhos vendados, com uma fita preta, uma lona vendada no olho. Uma pessoa que tava na frente que conduzia nós, né? Nós formamos duas filas, um pegando na mão do outro, e fomos andando, vagarosamente... Dentro da mística, a gente foi lembrando várias pessoas que tinham tombado na luta, e uma delas seria o Teixeirinha. E daí, no período da mística, até chegar o ponto final... em alguns pontos, tava alguns companheiros que tombaram na luta. Foi onde eu participei, que eu representei o papel do Teixerinha. A hora que a polícia atirou... atirava nele... daí nós arrumamos umas bombas. Tem umas bombinhas de um tiro só, que dá um tiro bem alto, que parece um tiro de espingarda, né? Aí, quando soltava aquela bomba, você escutava, né? O grito dele, né? Pedindo "Pelo amor de Deus", que não era pra matar ele, que ele dizia na hora que ele tinha família. E ele queria criar a família! Ele tinha esposa e um filho... era filho único dele, o Marcos. Ele pedia: — Pelo amor de Deus, não me mate que eu quero acabar de criar meu filho! Eu tenho esposa! E normalmente vocês têm também! E dizia isso, né?... E daí os caras... foi na hora da execução, né? Quando eles levaram ele. Então, vamos dizer, isso te emociona![158]

Ao fim da apresentação, Pedro se emocionou.

— A lágrima correndo no olho de cada um, assim... aquela emoção de você estar fazendo uma apresentação, mas, de outro lado, você tá sentindo a falta do companheiro... que não tá ali,

---

158 Entrevista com Pedro, realizada em 4 de agosto de 2003.

naquele meio, presente, tá espiritualmente, só, né? Então isso... isso comove a gente até hoje![159]

Essa emoção contagiante, expressa em lágrimas, é um sinal de que a celebração foi uma experiência repleta de sentido, tanto para Pedro como para outros ativistas. Entre estes, aliás, provavelmente havia pessoas que sequer conheciam Teixeirinha e as trágicas condições de seu assassinato. Mas, antes de tudo, tratava-se de um Sem Terra, assassinado em razão dessa identidade política. Pedro disse que se emocionou pois aquilo que aconteceu com Teixeirinha poderia acontecer com qualquer pai de família. Em suas palavras, a emoção vem quando, "dentro da apresentação (...), você faz um papel sabendo que foi a realidade, que foi o que aconteceu na vida real com o teu... com o teu melhor amigo...".[160]

Foi a partir desse tipo de relação, vivenciada com o valor de uma irmandade, que o militante Pedro pôde tornar-se um dirigente do MST. Essa experiência da mística buscou reavivar a memória de Teixeirinha, assassinado pela causa dos Sem Terra.

3.7 Construir juntos uma memória coletiva: uma força para avançar

Eventos significativos na vida de um indivíduo podem ser "pontos de virada" ou "marcos pacificadores" nesta história. Nessa perspectiva, nem sempre os traumas pessoais são problemas que impedem o curso normal de uma vida. Contudo, para que o indivíduo possa manter seu *esforço para existir*, seu *desejo de ser*,[161] é necessário que "esse evento seja, simultaneamente, compartilhado com pessoas próximas e sancionado por instituições,

159 Entrevista com Pedro, realizada em 4 de agosto de 2003.

160 Entrevista com Pedro, realizada em 4 de agosto de 2003.

161 Emprestamos a expressão de Paul Ricœur.

o que lhe confere um caráter eminentemente social".[162] Na mística recém-apresentada, pode-se observar que os traumas pessoais (vários assassinatos) deram lugar a uma construção narrativa (*mise en intrigue*), de acordo com uma determinada temporalidade. As pessoas puderam apropriar-se desses eventos ao longo de várias discussões, até que eles fossem efetivamente escolhidos para compor o cenário da mística a ser conduzida naquele dia. Graças à memória dos participantes, os eventos puderam emergir até se tornar parte da realidade de todos.

É possível dizer que, até então, eles não passavam de tristes eventos pessoais. Mas, na experiência da encenação, os eventos puderam ser revisitados por todos os militantes, a ponto de tornar-se a história dos Sem Terra e adquirir, assim, um caráter ao mesmo tempo social e político. Mais ainda: uma vez que o MST os reconhece como fatos que aconteceram com a comunidade Sem Terra, esses eventos podem ser finalmente pacificados. "É porque companheiros foram assassinados em nome do nosso ideal comum que a luta deve continuar, e que nós devemos ficar juntos".[163]

Segundo os ativistas, a vingança, na forma de uma ação violenta não é uma atitude a ser adotada contra os "inimigos". Para esses camponeses, a identidade Sem Terra se constitui a partir do exemplo de Jesus Cristo. Este último nos mostra que a motivação por trás das atitudes de um cristão está no amor e na justiça, e não na lei de talião.

> Ora, o Cristo não veio para pregar uma lei mais radical e severa, nem um farisaísmo aperfeiçoado. Ele veio pregar o Evangelho, o que significa uma nova proclamação: não é a lei que salva, mas o amor. A lei possui apenas uma função humana de ordem, e dificilmente pode criar oportunidades de

---

162 Tradução livre. Cf. LECLERC-OLIVE, Michèle. "Entre mémoire et expérience, le passé qui insiste". *Projet*, Paris, nº 273, 2003, p. 96.

163 Notas do caderno de campo.

> harmonia e compreensão entre os homens. O amor que salva supera todas as leis e conduz todas as normas ao absurdo. O amor exigido por Cristo vai muito além da justiça.[164]

Além disso, Jesus era um homem de ação e compromisso. Ele buscava uma transformação e foi morto por seu ideal. A fala de Vilmar revela como essa identidade é forjada não apenas pela fé religiosa, mas também pela ação política.

— Eu penso que o verdadeiro cristão... A gente para pra refletir assim: "Por que Deus enviou Cristo, seu filho na terra?" Não para ser adorado... como faz a Renovação Carismática. Deus, ele, já era adorado! Não precisava mandar um filho para ser adorado! Ele precisava mandar alguém como um modelo de ação. Como os homens podiam agir pra transformar a realidade? (...) Isto é uma prova de que, naquele tempo, já existia uma luta popular! Alguém que tentava organizar a população que era explorada! E que teve seu castigo por isso. E isso aconteceu não só com ele, mas com muitos sucessores e muitos seguidores também. Que foram castigados por quererem libertar o povo! Eu acho que cristão é aquele que põe em prática a libertação do povo, não só prega e reza por ela..., mas que também põe em prática. Ele tem que tomar uma atitude! Ele tem que fazer alguma coisa. E hoje a gente sabe que, pra você fazer uma transformação, tomar uma atitude, é só através de uma organização massiva, num movimento social mesmo! Mesmo que as organizações sociais tenham seus problemas, seus defeitos que são naturais, porque são compostas por pessoas e as pessoas naturalmente têm problemas, o que se pode fazer é tentar resolver os problemas que a gente tem. E, com certeza, resolver os problemas sociais só se faz desta forma coletiva.[165]

---

164 Tradução livre. BOFF, Leonardo. *Je m'explique*: Entretiens avec Christian Dutilleux. Paris: Desclée de Brouwer, 1994, p. 46.

165 Entrevista com Vilmar, realizada em 27 de julho de 2003.

O trabalho de memória está em permanente tensão com aquele da esperança que se inscreve no futuro e, portanto, na história a ser construída.[166] Inspirada nos textos da Bíblia, a comunidade se constitui ao redor dessa memória compartilhada e no fato de que os indivíduos compartilham a crença de que, mais cedo ou mais tarde, o acesso à terra será uma realidade para todos, caso eles continuem atuando juntos. Como recorda Rubem Alves:

> Uma comunidade depende, para sua existência como tal, do sentido que tenha de uma experiência comum, de uma auto compreensão similar, de uma direção compartilhada. Quando os homens falam uma língua comum, eles se reconhecem como partícipes de uma compreensão comum do mundo, destinados a uma mesma missão e unidos por uma vocação comum rumo a ela.[167]

A comunidade cristã sempre reafirmou sua identidade nos sacramentos. É também em seu corpo que o cristão pode reencontrar o significado de seu espírito, pois, na doutrina cristã, a pessoa representa a unidade do corpo e do espírito. Para os militantes Sem Terra, a prática da mística (re)cria o *tipo* identitário dos Sem Terra: pessoas valentes, ao mesmo tempo politizadas e solidárias. É por meio da prática do simbólico no presente da ação que os militantes reafirmam seu compromisso ao longo do tempo.

---

166 Em sua tese sobre Paul Ricœur, Alain Thomasset afirma que "as comunidades cristãs contribuem (...) para garantir a tensão necessária entre memória e esperança no seio da consciência histórica moderna, ameaçada de se fragmentar entre um passado considerado obsoleto e um futuro tão distante que se torna inacessível". Cf. THOMASSET, Alain. *Paul Ricœur – une poétique de la morale*. Lovaina: Presses Universitaires de Louvain, 1996, p. 641. Tradução livre.

167 Cf. ALVES, Rubem. *Religión*: opio o instrumento de liberación? Tradução para o espanhol de Rosário Lorente. Montevidéu: Tierra Nueva, 1968, p. 7. Tradução livre.

3.8 O poder de imaginar um outro mundo: a utopia em ato

Assistir juntos à encenação do ideal, e, portanto, do significado da luta, é um momento de construção do grupo. A partir de Émile Durkheim, compreendemos que todas as sociedades têm a necessidade de espaços para celebrar e viver "em ato" a ideia que têm de si próprias.

> Toda festa, mesmo que puramente leiga por suas origens, tem certos traços da cerimônia religiosa, pois sempre tem por efeito aproximar os indivíduos, pôr em movimento as massas e suscitar, assim, um estado de efervescência, às vezes até de delírio, que não deixa de ter parentesco com o estado religioso. O homem é transportado fora de si, distraído de suas ocupações e preocupações ordinárias. Por isso, observam-se em ambos os casos as mesmas manifestações: gritos, cantos, música, movimentos violentos, danças, busca de estimulantes que elevem o nível vital etc.[168]

As celebrações do MST participam da construção prática de uma consciência de "fazer parte". Elas têm uma importância capital na continuidade do grupo. Ao assistir a essa cena, os atores têm a oportunidade de relembrar que estão juntos porque compartilham um mesmo objetivo e que as diferenças pessoais são ínfimas diante da causa superior que os une. Para Durkheim, a manutenção de ideias e sentimentos coletivos que garantam a unidade das sociedades é uma questão presente em todos os grupos sociais. Por meio de reuniões e assembleias, os indivíduos "reafirmam em comum seus sentimentos comuns".[169] Eles são capazes de construir sua

---

168 DURKHEIM, Émile. *As formas elementares da vida religiosa*: o sistema totêmico na Austrália. Trad. Paulo Neves. São Paulo: Martins Fontes, 1996, p. 417.

169 DURKHEIM, Émile. *As formas elementares da vida religiosa*: o sistema totêmico na Austrália. Trad. Paulo Neves. São Paulo: Martins Fontes, 1996, p. 472.

história graças a esse trabalho rítmico sobre o passado (trágico) e sobre o futuro (luminoso) em cada celebração.

> Não fossem os rituais e cerimônias, a pantomima, a dança e o drama desenvolvidos a partir deles, a dança, o canto e a música instrumental que os acompanha, os utensílios e objetos da vida cotidiana que foram formados segundo padrões e estampados com insígnias da vida comunitária, semelhantes aos manifestados nas outras artes, os acontecimentos do passado longínquo estariam agora mergulhados no esquecimento.[170]

O texto de John Dewey também é válido para a mística, esse espaço-tempo em que passado e futuro são reconfigurados para dar consistência ao presente da ação, no qual as ferramentas e os objetos do cotidiano se tornam símbolos políticos, e a comunidade se desafia, se emociona e se projeta num futuro comum.

---

170 DEWEY, John. *Arte como experiência*. Trad. Vera Ribeiro. São Paulo: Martins Fontes, 2010, p. 553.

CONSIDERAÇÕES FINAIS

> Há quem diga que a fé não tem nada a ver com a política. Ora, Jesus não morreu na cama, nem de desastre de camelo numa rua de Jerusalém. Morreu sob dois processos políticos, condenado à pena de morte na cruz. (...). Descobri aos 13 anos que, ser cristão, é lutar pela transformação das pessoas e do mundo. E não adianta perguntar o que vem primeiro: o ovo ou a galinha. É mudando as pessoas que agente muda o mundo; é se mudando que a gente muda o mundo. E é mudando o mundo que a gente se muda e muda os outros. Está tudo ligado.[171]

Muitos dos militantes citados neste livro já faleceram e outros deixaram o assentamento. Entretanto, se a Copavi é hoje uma referência internacional, isso está relacionado a sua história e a sua proposta de viver uma experiência num assentamento coletivo.

No texto acima, Frei Betto resume perfeitamente as ideias que norteiam esta pesquisa sobre os Sem Terra da Copavi. De um lado, o engajamento pessoal (individual, ético, moral e espiritual)

---

171 BETTO, Frei. "A prática dos novos valores". *In:* BOFF, Leonardo *et al.* *Valores de uma prática militante*. Caderno de Formação nº 9. São Paulo: Consulta Popular, 2000, pp. 36/37.

e, de outro lado, o engajamento político, orientado à ação coletiva, aos outros e ao mundo (nas suas formas mais concretas). Frei Betto evidencia a essência do caminho para se tornar um militante do MST que marca, ao mesmo tempo, o funcionamento e a moral de uma comunidade – a Copavi. Antes da ocupação da fazenda Santa Maria, em 1993, os sócios já eram ligados ao MST. Aliás, essa é uma das razões da longevidade da cooperativa.

Alguns pontos fundamentais:

1. A Copavi é uma cooperativa com vocação política, em grande medida graças ao exemplo de seus militantes. O exemplo de cada sócio é central no processo de formação e de renovação do comprometimento de todos, possibilitando a entrada de novos militantes e a fidelidade dos mais antigos.

2. A Copavi é um coletivo militante. O sentimento de pertencer à cooperativa é também o de pertencer ao MST. As ocupações de terras e a vida nos acampamentos podem ser consideradas como "ritos de passagem" para os que desejam entrar no Movimento. Também é uma ocasião para os quadros do Movimento atestar seu valor e sua capacidade de sacrifício.

3. A Copavi é uma comunidade militante. Articula, cotidianamente, o engajamento militante com a vida privada. Os dados da "família Copavi" mostram as dificuldades de pertencer a uma comunidade, a um coletivo, situação que é permeada de conflitos, mas também de criatividade.

4. A Copavi é uma comunidade espiritual. A prática da mística possibilita que o engajamento seja renovado. Na celebração, todo o ser é mobilizado: o corpo, as emoções e o espírito. Observemos cada um destes elementos.

O exemplo dos quadros do MST

O tipo de comprometimento dos Sem Terra é ligado a figuras que deixaram um legado de amor e de sacrifício de si mesmos pelo bem de toda a humanidade. Jesus Cristo e Che Guevara são alguns dos inspiradores do Movimento. Esse sacrifício é vivido como uma libertação, pois se opõe ao egoísmo dos poderosos, os mesmos que oprimem e concentram riquezas e terras. Nesse sentido, uma transformação pessoal é necessária a todos aqueles que querem transformar o mundo. Um bom militante deve admitir que o egoísmo também está presente nele. Com um trabalho pessoal e uma observação sistemática, ele poderá tomar consciência das mudanças que pode e deve realizar para poder avançar. O "novo homem" e a "nova mulher" são as bases necessárias para a instalação da nova sociedade.

Entretanto, o sacrifício de si mesmo e a transformação profunda do "eu" egoísta são ambições difíceis de colocar em prática. O aquecimento global está mostrando que muitas das nossas ambições mais sinceras continuam no plano teórico. Para compreender o tipo de engajamento dos militantes do MST, busquei compreender as significações dadas por eles nas suas experiências cotidianas, quando ocorre uma mudança de identidade, ou seja, antes e depois de entrar no Movimento.

Com a imersão no "mundo da Copavi", pude observar que a produção de significados no MST é uma atividade organizada pelos militantes identificados com o MST. Eles definem e interpretam as situações segundo seus valores, para em seguida torná-las disponíveis aos recém-chegados. A chave para compreender o engajamento dos militantes reside, em grande parte, no tipo de relação que eles têm, todos os dias, entre eles e também com os indivíduos fora do MST. A tolerância, a fraternidade, a amizade e o companheirismo surgem como valores praticados e cultivados no cotidiano. As condutas, as palavras, os gestos devem passar por uma autorreflexão, prevendo as suas consequências no coletivo.

Os indivíduos sabem que o que está em jogo é a promessa de uma "nova sociedade", e muitos veem seu atuar como "uma missão".

Entrar nessa nova identidade de Sem Terra ocorre nas formações, nas experiências do cotidiano e na mística. Aquele que se tornou um Sem Terra não poderá deixar de sê-lo facilmente, sob o risco de perder uma parte de si mesmo. Essa identidade coletiva é continuamente construída em todas as atividades do MST. Graças a ela, os militantes conseguem se proteger do estigma que lhes envia a sociedade brasileira e se abrir aos novos militantes, mostrando "os verdadeiros Sem Terra": pessoas que buscam ações éticas e com cunho político.

A ocupação e o acampamento: um rito de passagem

Pertencer ao MST tem início, para muitos, nas ocupações de terra e nos acampamentos. Nessas experiências, os militantes desenvolvem um conhecimento prático que permite constituir uma nova identidade, uma nova maneira de agir.

Como num rito de passagem,[172] os que vivem essa experiência extrema adquirem o direito de pertencer a organização. Nesses momentos "de prova", os indivíduos se encontram numa situação na qual os seus antigos símbolos e bens não estão presentes e eles não têm mais nada que mostre seu lugar na sociedade. São experiências marcadas por um grande sofrimento, nas quais as pessoas se transformam graças ao reconhecimento dos limites humanos. Uma situação em que a morte está presente e o orgulho pode ser equilibrado com a humildade da condição humana.

---

172 Ver a definição de Arnold van Gennep: "São os ritos que acompanham cada mudança de lugar, de estado, de posição social e de idade". Citado por TURNER, Victor W. *Le phénomène rituel, structure et contre-structure*. Paris: PUF, 1990, p. 95. Tradução livre.

Victor Turner assinala que, no confronto com a morte, os indivíduos que sofrem juntos desenvolvem um espírito elevado de companheirismo e de igualdade. Nessas provas, há uma possibilidade de sair da lógica da sociedade tradicional, marcada pela hierarquia, e entrar numa comunidade onde o espírito de grupo determina as escolhas do viver juntos. Essas comunidades e os valores alternativos que elas desenvolvem aparecem frequentemente como um desafio às sociedades tradicionais, pois mostram que a hierarquia e as desigualdades, fundamentos da sociedade tradicional, podem ser abolidas.

Podemos verificar que os militantes do MST passam por um processo semelhante ao que descreve Victor Turner nos ritos de passagem. Um indivíduo torna-se um quadro ao mostrar seu comprometimento com o MST e a sua capacidade de integrar e assumir os valores caros ao Movimento: o dom de si mesmo e a abnegação.[173]

Nas ocupações e nos acampamentos, são os quadros do MST que darão as orientações sobre o que é possível fazer e o que é prescrito. Com sua experiência, podem conduzir os novos militantes a compreender que a ação é pacífica, ordenada e com total respeito ao meio ambiente. Desde o início do MST, a ocupação tem sido uma forma de denunciar as injustiças e pressionar o Estado a fazer a reforma agrária.

As provas cotidianas dentro da Copavi

Já se viu que a "família Copavi" consegue viver num regime coletivo e seus sócios conseguem agir de maneira democrática. Mas como se explica a longevidade dessa comunidade?

Antes de realizar a ocupação, todas as famílias estavam numa situação de exclusão. Diferentemente das comunidades étnicas,

173 Durante a pesquisa, pude verificar que os militantes não apreciam assumir posições de poder como, por exemplo, a presidência da Copavi.

estar juntos hoje é o resultado de uma escolha: todos querem viver a experiência de um coletivo. A pesquisa observou que, ao longo desses 30 anos, muitas famílias se separaram em razão das tensões ou das decisões tomadas pela Assembleia geral. Os sócios que decidiram ficar são aqueles que têm a identidade de Sem Terra mais pronunciada.

Uma das primeiras razões que conduz os militantes a compartilhar a terra e a vida é, sem dúvida, o sonho comum, o ideal de ajudar a realizar a reforma agrária. Para mudar a realidade, esses militantes aceitaram viver uma vida alternativa ao sistema capitalista. A Copavi representa uma crítica viva a esse sistema que prioriza o capital em detrimento da vida. As dificuldades para realizar esta utopia são imensas. Para continuar juntos, os sócios precisam encontrar um acordo sobre todos os negócios e atividades da Copavi. Também existe uma forte tensão entre as necessidades de cada família (privadas) e as necessidades da comunidade (bem comum), resultando, às vezes, em conflitos. Os sócios mostram uma grande criatividade e flexibilidade nessas situações difíceis. Ao optar por três espaços de reuniões, os sócios criaram um espaço público, no qual os "problemas" aparecem e são "sentidos" por todos.

A pesquisa evidenciou também que todos se sentem à vontade para tomam a palavra nesses debates, e que se evitam os mexericos ou críticas pessoais fora das reuniões. Finalmente, a confiança aparece como uma marca no interior da Copavi. Um exemplo disso foi quando se decidiu confiar e deixar livre o consumo de cada sócio e a capacidade de cada um em organizar suas horas de trabalho. Em alguns momentos, os sócios contaram com a ajuda de um psicólogo, o que revela um grau de abertura e de sensibilidade deste grupo às mudanças. Os elementos que acabo de enumerar mostram que há uma força democrática nessa comunidade, na qual a experimentação e a elaboração de novas regras são uma prática constante.

Invocar o amor e o sagrado com a prática da mística

A mística é, sem dúvida, o aspecto mais significativo e específico do mundo dos militantes do MST, pois articula o sagrado e o político. Vimos que ela é, ao mesmo tempo, um sentimento e uma prática de celebração.

O que acontece na prática da mística? O tema é bastante amplo e nem tudo pode ser explicado com palavras. Seria possível explicar uma obra de arte? Objetivamente, os militantes vão contar uma história (comemorar, no sentido de fazer memória). Poderia ser uma ocupação marcada pelo confronto com a polícia, ou poderia ser a história de uma tragédia, como aquela relatada por Pedro, em que Teixerinha foi assassinado pela polícia.

Na celebração, os militantes tornam visível uma certa imagem de si mesmos: "o que eles acreditam que são". Pessoas simples, mas capazes de estudar, de compreender as forças sociais que disputam o poder, de se comprometer e de lutar pacificamente por uma sociedade justa, produzindo alimentos para a população urbana. Na celebração, emerge uma comunidade unida pelos valores que são fundamentais ao grupo: solidariedade, esperança e símbolos (a bandeira, o boné, o hino do MST e a produção orgânica dos assentamentos).

Nem tudo vale a pena de ser celebrado: os conflitos internos ou as decepções com os companheiros não serão escolhidos como temas de mística. Os sentimentos negativos não dão energia para viver, sobretudo quando se trata de viver com os outros. A história termina com a encarnação de um futuro marcado pela justiça social, pela capacidade de as famílias continuarem a lutar unidas, ou seja, inúmeros cenários utópicos, mas que na representação já são sentidos como sendo a realidade.

A mística cria sentimentos positivos (amor, fraternidade), um estilo de vida que pode chegar ao comprometimento com o corpo e com a alma e um olhar crítico sobre a realidade. No momento da prática, o ser é requisitado em sua totalidade – muito além do mental e do raciocínio lógico. Como na poesia, a mística emociona e pode atingir a parte mais profunda do ser.[174] É nessa abertura do coração que a promessa da nova sociedade se torna real *aqui e agora*.[175] Através da liberação dos sentimentos, os militantes podem fazer um parênteses, saindo da vida cotidiana, deixando seus problemas de lado e entrando num engajamento próprio do mundo espiritual. A prática permite assim uma saída momentânea, "que leva o 'eu' para a comunidade, o indivíduo para história e o homem para a criação".[176]

Essa celebração protege os militantes da tentação de se fechar em si mesmos, defendendo-se e guardando o que conquistaram como comunidade. Ao contrário, a mística torna possível uma orientação ao essencial, visando a um engajamento mais livre e mais generoso com o mundo. É um elemento indispensável no processo de constituição da identidade dos Sem Terra (que está em contínuo processo de formação através das ações e do olhar externo sobre eles). Nesse sentido, a prática consegue dar um sentido às injustiças sofridas e a possibilidade de chorar por seus mortos. Os militantes conseguem, dessa forma, canalizar os sentimentos de vingança e de violência em força para seguir na luta.

Podemos concluir que o engajamento político, o sacrifício, a abnegação e a perseverança dos militantes não poderiam existir sem essa prática espiritual, estranha à visão cartesiana da realidade.

---

174 O rito é fundamental para que os indivíduos possam encontrar uma outra forma de se relacionar consigo mesmo e com os outros. (RICOEUR, Paul. "Postface". *In*: PAUPERT, Jean-Marie. *Taizé et l'Église de demain*. Paris: Le Signe/Fayard, 1967, p. 248).

175 Luc Boltanski mostra que os atores sociais são capazes de passar de uma ação marcada pela justiça e pela violência a uma ação marcada pelo amor. Tudo depende do sentido que eles encontram no curso da ação. Cf. BOLTANSKI, Luc. *L'amour et la justice comme compétence*. Paris: Métailié, 1990.

176 Tradução livre. RICOEUR, Paul. "Postface". *In*: PAUPERT, Jean-Marie. *Taizé et l'Église de demain*. Paris: Le Signe/Fayard, 1967, p. 249.

REFERÊNCIAS BIBLIOGRÁFICAS

Sociologia, Antropologia e Literatura

ABEL, Olivier. "Habiter la cité". *Autres temps* – Cahiers d'éthique sociale et politique, Lyon, nº 46, 1995.

ABÉLÈS, Marc. "La mise en représentation du politique". *In*: ABÉLÈS, Marc; JEUDY, Henri-Pierre (Coord.). *Anthropologie du politique*. Paris: Armand Colin, 1997.

ALVES, Rubem. *Religión*: opio o instrumento de liberación? Tradução para o espanhol de Rosário Lorente. Montevidéu: Tierra Nueva, 1968.

AMADO, Jorge. *Tereza Batista cansada de guerra*. São Paulo: Martins, 1972.

BARBÉ, Dominique. *La Grâce et le pouvoir*: Les communautés de base au Brésil (Rencontres). Paris: Cerf, 1982.

BASTIDE, Roger. *Les religions africaines au Brésil*. Contribution à une sociologie des interpénétrations de civilisations. Paris: PUF, 1998.

BETTO, Frei. "El método de la mística". *In*: BOFF, Leonardo; BETTO, Frei. *Mística y espiritualidad*. Madri: Editorial Trotta, 1996.

______. "La espiritualidad de Jésus". *In*: BOFF, Leonardo; BETTO, Frei. *Mística y espiritualidad*. Madri: Editorial Trotta, 1996.

_____. "Militancia y poesía". *In*: BOFF, Leonardo; BETTO, Frei. *Mística y espiritualidad*. Madri: Editorial Trotta, 1996.

_____. "Mística y militancia". *In*: BOFF, Leonardo; BETTO, Frei. *Mística y espiritualidad*. Madri: Editorial Trotta, 1996.

BLEIL, Susana. *Mudança de hábitos a partir da industrialização agroalimentar*. Rio de Janeiro: CPDA/UFRRJ, 1998. (Tese de Mestrado).

BOFF, Leonardo. *Caminhar da igreja com os oprimidos*: do vale de lágrimas rumo à terra prometida. Petrópolis: Vozes, 1988.

_____. *Je m'explique*: Entretiens avec Christian Dutilleux. Paris: Desclée de Brouwer, 1994.

_____. *Jésus-Christ libérateur*: Essai de christologie critique. Paris: Cerf, 1974.

BOLTANSKI, Luc. *L'amour et la justice comme compétence*. Paris: Métailié, 1990.

_____. "Préface". *In*: BLEIL, Susana. *Vie et luttes des Sans Terre au sud du Brésil*. Une occupation au Paraná. Paris: Karthala, 2012.

DEWEY, John. *Arte como experiência*. Trad. Vera Ribeiro. São Paulo: Martins Fontes, 2010.

D'INCAO E MELLO, Maria Conceição. *Boia fria, acumulação e miséria*. Petrópolis: Vozes, 1975.

DOSTOIÉVSKI, Fiódor. "Ensaio sobre o burguês". *In*: _____. *O crocodilo – e notas de inverno sobre impressões de verão*. Trad. Boris Schnaiderman. São Paulo: Editora 34, 2011.

DURKHEIM, Émile. *As formas elementares da vida religiosa*: o sistema totêmico na Austrália. Trad. Paulo Neves. São Paulo: Martins Fontes, 1996.

FAVRET-SAADA, Jeanne. *Les mots, la mort, les sorts*. Paris: Gallimard, 1977.

GAYET-VIAUD, Carole. *L'égard et la règle*: Déboires et bonheurs de la civilité urbaine. Paris: EHESS, 2008. (Tese de Doutorado em Sociologia).

HOBSBAWM, Eric. "Le rite dans les mouvements sociaux". *In*: _____. *Les primitifs de la révolte dans l'Europe moderne*. Tradução do inglês por Reginald Laars. Paris: Fayard, 1966.

_____. *Rebeldes primitivos*: estudio sobre las formas arcaicas de los movimientos sociales en los siglos XIX y XX. Tradução para o espanhol de Joaquín Romero Maura. Editor digital: Titivillus, 1983.

LECLERC-OLIVE, Michèle. "Entre mémoire et expérience, le passé qui insiste". *Projet*, Paris, nº 273, 2003.

RICOEUR, Paul. "Postface". *In*: PAUPERT, Jean-Marie. *Taizé et l'Église de demain*. Paris: Le Signe/Fayard, 1967.

______. "Le chrétien et la civilisation occidentale". *Autres Temps – Cahiers d'éthique sociale et politique*, Lyon, nº 76-77, 2003.

RILKE, Rainer Maria. *Cartas a um jovem poeta*. Trad. José Miranda Neto. Lisboa: Antígona, 2016.

RIVIÈRE, Claude. *Les liturgies politiques*. Paris: PUF, 1988.

SIMMEL, George. "Le problème de la sociologie". *In*: ______. *Sociologies*: Études sur les formes de la socialisation. Paris: PUF, 1999.

______. *Philosophie de l'argent*, col. Quadrige. Paris: PUF, 1999.

______. *Le conflit*. Paris: Circé "Poche", 1995.

STRAUSS, Anselm. "Une perspective en termes de Monde Social". *In*: ______. *La trame de la négociation*: sociologie qualitative et interactionnisme. Paris: L'Harmattan, 1992.

THOMAS, William Isaac; ZNANIECKI, Florian. *Le paysan polonais en Europe et en Amérique*: Récit de vie d'un migrant. Paris: Nathan, 1998.

THOMASSET, Alain. *Paul Ricœur – une poétique de la morale*. Louvaina: Presses Universitaires de Louvain, 1996.

TURNER, Victor W. *Les tambours d'affliction*. Paris: Gallimard, 1972.

______. *Le phénomène rituel, structure et contre-structure*. Paris: PUF, 1990.

VANDENBERGHE, Frédéric. "Georg Simmel". *In*: ______. *Une histoire critique de la sociologie allemande*: aliénation et réification, tomo 1, col. Bibliothèque du Mauss. Paris: La Découverte, 1997.

Livros e documentos relacionados ao MST

4e RENCONTRE EUROPEENNE DES AMIS DU MOUVEMENT DES SANS TERRE (MST). *Anais*. Frères des Hommes. Paris, 2001.

BALDUÍNO, Dom Tomás. "Prefácio". *In*: STEDILE, João Pedro; FERNANDES, Bernardo Mançano. *Brava gente*: a trajetória do MST e a luta pela terra no Brasil. São Paulo: Fundação Perseu Abramo, 1999.

BLEIL, Susana. *Vie et lutte des sans terre au sud du Brésil*. Paris: Karthala, 2012.

______. "Comer juntos: confirmar a comunidade no quotidiano". *IdeAs*, nº 3, 2012. Disponível em: http://ideas.revues.org/536.

BETTO, Frei. "A prática dos novos valores". *In*: BOFF, Leonardo *et al*. *Valores de uma prática militante*. Caderno nº 9. São Paulo: Consulta Popular, 2000.

BOGO, Ademar. "A formação ideológica dos camponeses". *In*: MST. *Enfrentar os desafios da organização nos assentamentos*. Cadernos de cooperação agrícola nº 7. São Paulo: Concrab, 1998.

MALUF, Renato Sergio. "Ações públicas locais de apoio à produção de alimentos e à segurança alimentar". *Papers*, nº 4, Instituto Pólis, 1999.

MAURO, Gilmar. "Les défis du Mouvement des Sans terre pour progresser dans l'action entreprise et les stratégies pour dépasser la conjoncture". *In*: 4e RENCONTRE EUROPEENNE DES AMIS DU MOUVEMENT DES SANS TERRE (MST). *Anais*. Frères des Hommes. Paris, 2001.

MORISSAWA, Mitsue. *A história da luta pela terra e o MST*. São Paulo: Expressão Popular, 2001.

RIZEK, Cibele Saliba; LOPES, João Marcos de Almeida. "La fondation de la première ville des sans-terre au Brésil. La communauté d'Ireno Alves dos Santos". *In*: CEFAI, Daniel; JOSEPH, Isaac. *L'héritage du Pragmatisme*. Paris: Éditions de l'aube, 2002.

STEDILE, João Pedro; FERNANDES, Bernardo Mançano. *Brava gente*: a trajetória do MST e a luta pela terra no Brasil. São Paulo: Fundação Perseu Abramo, 1999.

Metodologia de pesquisa

BERTAUX, Daniel. *Les récits de vie*, col. 128. Paris: Nathan, 1997.

EMERSON, Robert. "Le travail de terrain comme activité d'observation. Perspectives ethnométhodologistes et interactionnistes". *In*: CEFAÏ, Daniel (Coord.). *L'enquête de terrain*. Paris: La Découverte, 2003.

HUGHES, E. C. "La place du travail de terrain dans les sciences sociales". *In*: HUGHES, Everett C. *Le regard sociologique*: essais choisis. Textos organizados por Jean-Michel Chapoulie. Paris: EHESS, 1996.

RENAHY, Nicolas. *Les gars du coin*. Paris: La Découverte, 2005.

FAVRET-SAADA, Jeanne. "Être affecté". *Gradhiva*, Paris, nº 8, 1990.

SCHWARTZ, Olivier. "L'empirisme irréductible. Postface". *In*: ANDERSON, Nels. *Le hobo*. Paris: Nathan, 1993.

THOMAS, William. "Définir la situtation". *In*: GRAFMEYER, Y.; JOSEPH, I. *L'École de Chicago*. Naissance de l'écologie urbaine. Paris: Aubier, 1990.

NOTAS

NOTAS

A Editora Contracorrente se preocupa com todos os detalhes de suas obras! Aos curiosos, informamos que este livro foi impresso no mês de junho de 2024, em papel Polen Soft Natural 80g/m².